TOOS ROSIES

VIRTUOSA, PERO NO PERFECTA

Acción para cambiar tu vida

editorial clie

Libros CLIE
Galvani, 113
08224 TERRASSA (Barcelona)

VIRTUOSA, PERO NO PERFECTA

© Por la autora: TOOS ROSIES

Depósito Legal: SE-1951-2002
ISBN: 84-7645-385-X

Impreso en Publicaciones Digitales, S. A.
www.publidisa.com - (+34) 95.458.34.25.
Sevilla

Printed in Spain

ÍNDICE

INTRODUCCIÓN

En mi primer libro, *Más preciosa que el oro*, he intentado dar aliento a las lectoras mostrándoles el valor que Dios da a nuestras vidas y cómo quiere conducirnos y emplearnos en Su servicio.

La palabra de Dios es muy alentadora. ¡Son tantas las posibilidades que nos son abiertas! Todo lo que Él nos pide es que nos rindamos y dediquemos enteramente a Él. Luego nos inunda de dones, a semejanza de como el padre en la parábola sorprendió al hijo pródigo con aquella maravillosa bienvenida y recibimiento como el hijo jamás había soñado. De la misma manera, cuando llegamos a Dios, nos encontramos al comienzo de una nueva vida, llena de unas oportunidades y posibilidades de las que antes nada sabíamos. Todo en la vida adquiere un nuevo sentido, porque ahora tenemos una meta eterna delante de nosotros.

Sin embargo, en base a mi propia experiencia y conversación con otras personas, se me hizo claro que hay varios obstáculos que nos estorban para alcanzar los objetivos que Dios ha puesto delante de nosotras.

En este libro, Virtuosa, pero no perfecta, consideraremos alguno de estos obstáculos desde un punto de vista bíblico. El resentimiento, el temor, la culpa y los sentimientos de inferioridad son tan sólo algunos de los problemas. Con todo, es posible lograr la victoria sobre estos enemigos dentro de nosotras. La Biblia trata de estas cuestiones con mucha mayor frecuencia de lo que nosotras nos pensamos. Yo, personalmente, me he enfrentado a una buena cantidad de estos problemas, y he descubierto cómo estorbaron mi vida con Dios, y mi ministerio para Él. Mi situación me obligó a ahondar más en la Palabra de Dios, para ver qué es lo que Él dice. Este libro es el resultado de lo que hallé en ella y cómo experimenté los resultados en mi propia vida. Naturalmente, nadie es original, y soy consciente de que mi lectura de excelentes libros, tratando acerca de estas cuestiones, ejerció su influencia en mi manera de pensar y de escribir.

VIRTUOSA, PERO NO PERFECTA no es ningún llamamiento a unirse a ningún club. De hecho podríamos decir que trata de un antiguo club, de rancia solera; un club con miembros que han fracasado miserablemente y que se han dirigido a Dios en busca de ayuda.

Si tienes problemas para perdonar a otros, enfrentándote al temor; si lo encuentras difícil cuando otros te critican, te invito a que sigas leyendo.

Espero que, con la lectura de este libro, llegarás a la conclusión de que la victoria es posible en Cristo. Jesús quiere dirigirnos por medio de Su poder, gracia y Espíritu Santo, para poner nuestros pies en el camino de la gloria eterna.

Pero está bien claro que Dios no quiere permanecer fuera y mirar desde fuera. Él lo que busca es colaboradores mientras que Él efectúa milagros de victoria en nuestras vidas.

¿Quieres que los obstáculos en tu vida sean quitados? Dios quiere ayudarte. ¡PERO NECESITA QUE TÚ COOPERES!

1

PERDONAR NO ES FÁCIL. ¿Y NO PERDONAR?

¡Qué difícil puede ser perdonar! ¡Qué mezquinas que pueden ser las personas! ¡Y cuán fácilmente podemos sentirnos heridas! Como un ser humano normal, ¿cómo se puede esperar de ti que simplemente perdones? Es bien comprensible que sigamos pensando acerca de lo sucedido. ¿Cómo puede una permitir que la gente la trate como a una estera?

¿Conoces esta línea de pensamiento? ¿Te encuentras a veces también que es difícil perdonar? Pues bien, no estás sola. Pedro se encontraba con el mismo problema. Con su personalidad sanguínea, pensaba que perdonar a alguien siete veces era un gran logro, y tengo que decir que me siento acorde con él. Pero Jesús tenía una postura diferente acerca de este problema tan humano, y trató de explicárselo a Pedro (y a nosotras) con el siguiente relato.

Había una vez un rey que quería ajustar las cuentas con sus siervos. A uno de ellos no le iban las cosas muy bien en lo financiero. Le debía diez mil talentos a su señor. Esto representaba una cantidad abrumadora, que nadie podría llegar a ganar en toda una vida. Una terrible deuda, ¡una situación sin salida! Cuando aquella persona se humilló ante su señor en su profunda miseria, su señor se apiadó de él y le perdonó la deuda.

¡Maravilloso! Y uno esperaría ver a aquel hombre dirigiéndose a su casa saltando de gozo y agradecimiento para informarle a su mujer acerca de estas buenas nuevas. Pero ¡no!, las cosas no fueron así. De camino a su casa se encontró con alguien que le debía una pequeña cantidad de dinero. Agarró a aquel hombre por el pescuezo, exigiéndole que le pagara en el acto lo que le debía. Aquel pobre hombre no tenía nada y no le podía pagar. Y aquel que acababa de ser liberado de una gran deuda procedió a echar en la cárcel a su compañero por una pequeña cantidad de dinero que le adeudaba (Mt. 18:21-35).

Estoy segura de que el Señor tenía una buena razón para emplear dos cantidades tan absurdas. La primera cantidad absurdamente elevada, ¡imposible de pagar! La otra cantidad absurdamente pequeña, despreciable. El sentido de la historia está bien claro. El perdón que Dios nos otorga es grande y abrumador. El mensaje del Nuevo, así como del Antiguo Testamento, es que Dios «será amplio en perdonar» (Is. 55:7). Todas nuestras injusticias, todos nuestros pecados y fracasos han sido echados a un lado por Él. ¡Y nuestra reacción natural debiera ser gratitud, gozo y una actitud de generoso perdón para con los que nos rodean! Pero en la mayor parte de las ocasiones no es éste el caso. Si alguien nos ha ofendido, pasamos muchas noches de insomnio pensando acerca de ello. Si alguien ha dicho algo de nosotras a nuestras espaldas, somos muy rápidas en responder de mala manera. Aunque el Señor perdonó nuestras enormes deudas, nosotras seguimos apremiando las míseras cantidades que alguien nos debe, y ello día tras día. Sin embargo, la Biblia nos advierte que no podemos proseguir haciendo esto y quedar sin castigo. Si rehusamos perdonar a otros, habrá consecuencias espirituales, emocionales y físicas.

1) PERDONAR NOS CUESTA ALGO. NO PERDONAR NOS CUESTA AÚN MÁS

Si no aprendemos a perdonar, podemos esperar serias consecuencias espirituales. Aunque Dios está lleno de amor, de misericordia y de perdón, Él mismo nos advierte en la Biblia acerca de las consecuencias de nuestra falta de perdón. El final de la historia en Mateo 18 no es que el que no podía pagar aquella mísera cantidad de dinero se pasó la vida en la cárcel, sino que el rey se enfureció con aquel que había recibido tanto perdón, pero que a su vez no era capaz de perdonar al otro. El Señor Jesús concluye este relato con una advertencia a Pedro, a los otros discípulos y a todos nosotros: «Así también mi Padre celestial hará con vosotros si no perdonáis de corazón cada uno a su hermano sus ofensas» (Mt. 18:35).

Cuando consideramos esto seriamente, llegamos a la conclusión de que éste es uno de los más sencillos mandamientos en la Biblia, pero a pesar de toda nuestra crianza cristiana y de las enseñanzas teológicas, lo pisoteamos. Sin embargo, no se trata de algo que podamos echar a un lado. ¡Es un mandamiento! Pablo nos dice: «Soportándoos unos a otros, y perdonándoos unos a otros si alguno tiene queja contra otro. De la manera que Cristo os perdonó, así también hacedlo vosotros» (Col. 3:13).

Aquí tenemos de nuevo la vinculación entre nuestro perdón por parte de Dios y nuestro perdón a otros. La primera y posiblemente más seria consecuencia espiritual es que si no podemos perdonar a otros, no hay manera en que Dios pueda perdonarnos.

Junto con esto leemos también en Marcos 11:24, 25 que nuestras oraciones no recibirán respuesta si mantenemos una actitud no perdonadora en nuestros corazones. Toda nuestra actitud para con Dios y nuestra libre comunicación con Él quedará apagada por nuestra desobediencia si vivimos con sentimientos de resentimiento y de implacabilidad.

*2) SI NO APRENDEMOS A PERDONAR,
ESTO CONLLEVARÁ
SERIAS CONSECUENCIAS EMOCIONALES*

Si alguien nos hace daño de verdad, nos encolerizamos. Hay algunas personas que son más propensas a sentirse ofendidas que otras. Algunas personas se encolerizan fácilmente y se ofenden por pequeñeces. Puede que descubras que una de tus amigas que se ha ido de vacaciones ha enviado postales a otras, pero no a ti. Quizá hubo una fiesta de cumpleaños y fueron invitadas varias de tus amigas, pero no tú. Puede que se trate de algo más serio: alguien te ha hecho una escena en público, y te sientes humillada y encolerizada. Aún peor es cuando te han calumniado a tus espaldas. No estabas ahí. No has podido decir nada en tu defensa. Casi todos se sentirían dolidos y enojados acerca de una cosa así. Una de las peores cosas que pueden suceder en la vida es, quizás, descubrir que el cónyuge al que tú amas te ha engañado y traicionado con otra persona. Toda tu autoconfianza y dignidad quedan afectadas por esto, y sientes la herida.

Hay varias maneras en las que los demás pueden hacernos daño emocionalmente. Es una cosa muy normal y humana que nos sintamos ofendidas y encolerizadas acerca de tales cosas. Encolerizarse es en sí mismo una reacción «normal» de nuestras emociones heridas, y no creo que siempre esté mal. En el Antiguo Testamento vemos con mucha frecuencia cómo Dios se aira contra personas, contra naciones, e incluso contra su propio pueblo. También el Señor Jesús se aira. En Mr. 3:5 el Señor se aira con los judíos por el endurecimiento de sus corazones y por la actitud legalista e inmisericorde con respecto a los hombres necesitados. Así, hay una ira justificada, una reacción emocional contra cosas injustificadas. Pero si persistimos en esta ira, si alimentamos nuestra ira y la potenciamos, entonces se transforma en pecado. En Ef. 4:26 Pablo dice:

«Airaos, pero no pequéis; no se ponga el sol sobre vuestro enojo, ni deis lugar al diablo.» En otras palabras: Si os han hecho daño y os airáis, esto es algo que puede suceder y no tiene por qué ser pecado. Pero... si os mantenéis airados y no perdonáis antes del final del día, entonces hay algo fundamentalmente malo, y os estáis moviendo en el terreno del diablo.

Si no perdonamos rápidamente, permanecemos airadas. La ira provoca resentimiento y amargura, cosas todas que la Biblia condena (Ef. 4:31; He. 12:15); pero se trata además de cosas que tienen una influencia profunda y terrible sobre nuestros sentimientos. Una persona que anide sentimientos de resentimiento nunca está feliz ni relajada. No puede gozar de las buenas cosas de la vida, porque todo está recubierto por la sombra de su resentimiento y amargura. Las personas amargas tienen un mal efecto sobre otras, pero aún peor sobre sí mismas. Hebreos 12:15 nos advierte contra esta amargura, que provoca confusión, y por la que muchos quedan contaminados. Vemos esto a todo nuestro alrededor. Nada es tan contagioso como la amargura. Un conflicto entre dos personas en la iglesia que no es perdonado y resuelto, desemboca con demasiada frecuencia en una amargura que contamina a muchas otras personas y lleva como resultado a una división en la iglesia. Las personas amargadas son hostiles y extremadamente críticas. Desconfían de todo y de todos. Algunas veces emplean la venganza para expresar su amargura de esta manera. La Biblia es asimismo muy clara acerca de esta cuestión.

«No paguéis a nadie mal por mal; procurad lo bueno delante de todos los hombres. Si es posible, en cuanto dependa de vosotros, estad en paz con todos los hombres. No os venguéis vosotros mismos, amados, sino dejad lugar a la ira de Dios; porque escrito está: Mía es la venganza, yo pagaré, dice el Señor. Así que, si tu enemigo tiene hambre, dale de comer; si tiene sed, dale de beber; pues haciendo esto, amontonarás sobre su cabeza carbones encendidos. No seas vencido por el mal, sino vence con el bien el mal» (Ro. 12:17-21).

Otro resultado de la hostilidad y de la amargura puede ser que una se deprima. Todo el gozo y toda la paz desaparecerán de nuestras vidas si no aprendemos a perdonar. Las consecuencias emocionales son enormes para nosotras mismas y para los que nos rodean. Hace pocos años oí el testimonio de una mujer que había tenido un serio conflicto con otra mujer en su juventud. Aquella mujer la había ofendido enviándole una carta muy hiriente. Durante treinta años guardó esta carta en su armario. Si ella, en una conversación, oía algo bueno acerca de su «enemiga», tomaba la carta y la volvía a leer. Automáticamente, su odio y hostilidad volvían a brotar. Incluso sin razón alguna, solía leer la carta y alimentar su amargura.

Pero después conoció a Cristo. Gradualmente, estudiando la Biblia, comenzó a darse cuenta de que tenía que destruir la carta y perdonar a la otra persona. Esto resultó, evidentemente, en una batalla emocional para ella. Aquella carta había venido a formar parte de ella, y era un símbolo de su odio y resentimiento. Pero comprendió que no había alternativa. Su propia vida cristiana dependía de la destrucción de aquella carta. Al final quemó la carta. Y al arder la carta sintió como si se le quitara un terrible peso de encima. Se lo dijo a su marido, y llamó también por teléfono a la otra mujer para pedirle perdón. Al siguiente domingo, testificó llena de lágrimas ante la iglesia. Su vida había tomado otra dirección.

3) SI NO APRENDEMOS A PERDONAR, HABRÁ INCLUSO CONSECUENCIAS FÍSICAS

Las enormes tensiones emocionales que brotan por el odio y el resentimiento tendrán decididamente su efecto en nuestros cuerpos. El primer resultado físico de no haber perdonado antes que el sol se ponga, después que alguien te haya herido, ¡es que no puedes dormir! Creo que todas podríamos identificarnos con esto, e incluso relatar algunas experiencias personales. La situación va siendo revivida en tu mente de continuo, y mientras va siendo revivida, va aumentando tu ira. Te agitas y das vueltas y más vueltas en la cama, sintiendo a la vez ira y tristeza. Finalmente te viene dolor de cabeza, y a la mañana siguiente te sientes aún más desgraciada.

La única manera de guardarte de experimentar una noche así es simplemente perdonar a la otra persona antes que el sol se ponga.

Pero cuando dejas que la situación persista más tiempo de lo que debiera, pierdes tu gozo. Te fatigas, porque, recuerda, no duermes ya tan bien como antes.

Según van pasando las semanas y no perdonas aquello, habrá más y más consecuencias físicas. No puedes vivir con aquello. Puede que experimentes más frecuentes dolores de cabeza. Otras, con estómagos débiles, pueden acabar con dolores crónicos o incluso una úlcera de estómago. Otras personas pueden llegar a tener dolores de espalda u otros problemas que lleven a hipertensión sanguínea. La tensión continuada puede llevar finalmente a un ataque de corazón.

Naturalmente, no se trata de que todas las que sufren de estas cosas lo sufran porque no han perdonado. Puede haber muchas causas para estas dolencias. Pero podemos también decir que, a la larga, el odio, la amargura y la implacabilidad pueden tener importantes consecuencias para tu salud. Algunas personas, por naturaleza, perdonan con mayor facilidad que otras. Algunas personas establecen normas muy elevadas para sí, y esperan lo mismo de parte de los demás. Otras personas sufren complejos de inferioridad y se sienten fácilmente ofendidas. En cambio, otras pueden adoptar la actitud de: «Me resbala por encima como el agua sobre el plumaje de un pato.» Sin embargo, estoy segura de que cada una de nosotras nos veremos sometidas a prueba en esta área, más tarde o más temprano.

Hice un extenso estudio bíblico acerca de la cuestión del perdón, y me sentí impresionada por lo importante que es perdonar a la otra persona de inmediato y de todo corazón. Luego fui invitada a hablar acerca de esta cuestión en varias ocasiones. Cada vez me retaba de nuevo, y realmente sentí que la cuestión del perdón era algo que había comprendido bien y que el Señor había puesto en mi corazón.

Al año siguiente comenzaron a suceder muchas cosas en relación con la obra en que estábamos involucrados, y que encontré muy arduas y difíciles de comprender. Por primera vez en mi vida descubrí que perdonar no era tan fácil como había imaginado. Luché con ello, desvelada por las noches, y cada vez que decidía que debía poner fin a aquello y que debía perdonar y olvidar el asunto, sucedía algo que volvía a suscitar la cuestión. Como Pedro, clamé al Señor en varias ocasiones: «Señor, ¿cuántas veces deberíamos perdonar?» Sabía la respuesta pero era más fácil predicar acerca de ello que practicarlo. Una noche tuvimos visitas, y volvimos a hablar de todo aquel conflicto. Cuando me fui a la cama me sentía verdaderamente desgraciada. Me sentía fatigada y desalentada y ello era resultado, principalmente, de la situación en que me encontraba. Aquella noche sufrí unos terribles dolores de estómago. Eran tan agudos que empecé a dar vueltas por la cama. Vino Kees y me dijo: «Toos, tendrás que rendir tus sentimientos y dolor al Señor, porque me temo que esto te da úlceras de estómago.» ¡Aún me sentí más atemorizada!

El dolor fue yendo a peor, y llegué a convencerme de que era por mi propia culpa. Yo había predicado acerca del perdón, pero ¡no lo había practicado yo misma! El dolor se hizo tan agudo que tuve que ir al hospital al siguiente día. Para resumir, después de unos pocos días de pruebas en el hospital universitario, descubrieron que no se trataba de una úlcera, sino de un embarazo fuera del útero, que había reventado mi trompa de Falopio, causando una hemorragia interna. Fui operada de inmediato, y todo fue bien. Las personas que me habían causado tantas dificultades fueron las primeras en venir a visitarme. Me inundaron de flores, atención y amor.

Durante las semanas en el hospital, y posteriormente en casa, tuve mucho tiempo para estar en quietud y meditar. Esto me llevó a un giro en mi vida, y Dios tuvo la oportunidad de quitar de mí toda mi amargura y confusión. ¡Fue en verdad una experiencia muy beneficiosa! Un año después sucedieron cosas cientos de veces peores. Nos sentimos traicionados por las personas en quienes habíamos confiado por completo. La crítica y las murmuraciones estaban a la orden del día. Fue la época más difícil de nuestras vidas. No diré que nos fue fácil afrontarlo. Pero sí que hubo una diferencia fundamental con respecto al conflicto del año anterior; no encontré que fuera difícil perdonar. Pude perdonar a las personas que nos habían causado tanto dolor. Fue la obra que Dios había hecho en mi vida el año anterior. ¿Encuentro más fácil perdonar ahora? ¡No! Cada vez que nos encontramos con una injusticia, nos airamos. Es una reacción humana. Con todo, el mandamiento del Señor está muy claro en estas cuestiones. Es por esto que quiero presentar en el siguiente capítulo una serie de pasos prácticos.

Si estamos dispuestos a tomar tales pasos, ello le dará a Dios la oportunidad de comenzar Su obra de afinamiento en nuestras vidas. Por medio de esto llegaremos a conocer una nueva forma de vivir: aquella forma de vida que vivió el Señor Jesús, la vida que perdona.

2

DONDE HAY VOLUNTAD
SE ENCUENTRA LA MANERA

¿Cómo podemos aprender a perdonar? Parece una tarea imposible. Va contra todos nuestros sentimientos e inclinaciones humanas. Sin embargo, cuando el Señor nos lo ordena con tanta claridad, tiene que ser posible. A continuación se presentan algunos puntos a tu consideración, que podrían servirte de ayuda para hacer algunos progresos con respecto al perdón.

PERDONAR ES ASUNTO DE LA VOLUNTAD

En nuestros tiempos y en nuestra cultura de Europa Occidental, nuestras emociones juegan un importante papel en el proceso de toma de decisiones. Sin embargo, la Biblia da más importancia a la acción que a nuestros sentimientos acerca de la misma. El aspecto importante en la cuestión del perdón no es mis sentimientos con respecto a las personas, sino el hecho de que Dios dice que debo perdonarlas. Una decisión de la voluntad, incluso si va contra todos mis sentimientos, es el primer paso al perdón.

En Levítico 19:17 Dios instruye a los judíos: «No aborrecerás a tu hermano en tu corazón; razonarás con tu prójimo, para que no participes de su pecado.»

Éste es un paso de enorme importancia en todo el proceso del perdón. No es fácil, pero sí muy beneficioso tener una conversación franca con la persona de que se trata si has sido herido.

Después de un prolongado período de desunión en nuestro equipo, descubrí que las mujeres del equipo luchaban mucho más con sentimientos de resentimiento que los hombres. Esto me sorprendió, e indagué acerca de la causa. Gradualmente, se me hizo claro que la desunión y los conflictos tenían lugar originalmente entre los hombres, y que todos ellos estaban relacionados con el trabajo. Las mujeres oían a menudo comentarios de parte de sus maridos, y se preocupaban. Los hombres, sin embargo, se volvían a ver en el trabajo al día siguiente y generalmente solucionaban sus problemas. En el caso de conflictos más serios, los hombres se reunían y discutían sus diferencias de opinión. Con frecuencia había argumentaciones bastante encendidas en las que expresaban sus irritaciones y frustraciones. Por lo general, había alguna forma de reconciliación. Pero las mujeres nunca llegaban a oír toda la historia y nunca podían expresar la forma en que se sentían. Esto conducía a un sentimiento continuo de frustración y, finalmente, de resentimiento.

Si tienes alguna verdadera dificultad con alguien, toma la iniciativa, y ve y habla con aquella persona.

PON EN PRÁCTICA
LOS PRINCIPIOS CRISTIANOS

Cristo, que se encontró sólo con injusticias y malos entendidos en Su vida, vivió perdonadoramente. Una y otra vez se dirigió a las personas con estas palabras: «Tus pecados te son perdonados.»

¡Este mismo Cristo vive en nosotros! Si le damos oportunidad y lugar, Su disposición a perdonar vendrá a ser nuestra. El Espíritu Santo que mora en nosotros hará asimismo Su obra en nosotros. El fruto del Espíritu tiene, entre otras características, la paciencia, la benignidad y el dominio propio; y todas estas cosas tienen que ver con el perdón.

¡Si todo dentro de ti clama ira, resentimiento y amargura, lee las más importantes secciones de la Biblia acerca del perdón; memorízalas y cuélgalas en tu cocina o en tu oficina! ¡De seguro que afectarán tu vida!

CONTROLA TU MENTE

Éste es un campo de batalla primordial. ¡Cuán fácil es conjurar una y otra vez las situaciones que tanto daño te han causado! Filipenses 4:8 nos apremia a pensar sólo aquellas cosas que son justas, puras, amables, dignas de encomio y excelentes.

Cada vez que nos asalten los recuerdos de lo sucedido tenemos que controlarnos y dirigir nuestras mentes a lo positivo. Admito que no es nada fácil, pero podemos inventar maneras para lograrlo. Cuando despierto en medio de la noche, me sucede que me asaltan oleadas de recuerdos. En lugar de entregarme a ellos y de dejar que me encolericen o entristezcan, ahora emprendo una acción. Me levanto, tomo mi Biblia o un libro, y fuerzo mi mente a cosas positivas. Después de un tiempo puedo volver a la cama, bendecida por lo que he leído, y los recuerdos se han desvanecido. Si conquistamos nuestras mentes, estamos en el buen camino de vencer nuestro problema de no poder perdonar.

APRENDE A COMPRENDER A LA OTRA PERSONA

Cuando alguien nos ha hecho daño, es muy difícil comprender los antecedentes, carácter y situación del «ofensor». Te puedo asegurar que conocer más acerca de la otra persona es de ayuda para vencer tu ira, amargura y resentimiento.

Uno de los miembros de nuestro equipo, que era generalmente muy jovial y amistoso, sufrió repentinamente un cambio de actitud. Perdió la motivación para trabajar y se volvió muy irrazonable e irritable. Cuando descubrimos que estaba pasando por una etapa muy difícil en su hogar, pudimos comprender su conducta. Tenían un bebé que se pasaba toda la noche llorando, y su mujer había estado enferma con mucha fiebre desde que había vuelto del hospital. Esto le causó mucha tensión, afectando toda su actitud. En lugar de encolerizarnos y de resentirnos con él a causa de su actitud, adoptamos una postura solícita e intentamos ayudarle. RECONOCE UNA Y OTRA VEZ TU FRACASO EN MUCHAS ÁREAS Y EL PERDÓN QUE TÚ MISMO NECESITAS A DIARIO. Recuerda la historia en Mt. 18:21-35.

NO IMPONGAS CONDICIONES

A menudo nos sentimos dispuestas a perdonar cuando la otra parte acude a pedir perdón con toda humildad y cuando parece haber aprendido la lección. Sin embargo, no es ésta la condición para el perdón. Es maravilloso cuando la otra persona viene a pedir perdón, y cuando de verdad ha aprendido la lección, pero esto nunca debería ser la condición del perdón. Soy responsable ante Dios de mantener mi corazón limpio de todo resentimiento y amargura. Ésta es mi responsabilidad. La otra persona es responsable ante Dios por su corazón, por su confesión de pecado y su perdón con respecto a mí.

¡MANTÉN TU MIRADA EN LA PERSPECTIVA ETERNA!

José es aquí un maravilloso ejemplo. ¡Él sufrió tanta injusticia y tantas dificultades por parte de sus hermanos! Le aborrecieron, y esto los llevó a actuar contra él de un modo horrible. Pero en Gn. 45:5-9 José dice: «Para preservación de vida me envió Dios delante de vosotros.»

Esto parece increíble y bien contrario a lo que estamos acostumbrados. ¿Acaso lo echó Dios a la cisterna? No, claro que no. Lo hicieron sus hermanos, impelidos por sus celos y aborrecimiento. Pero el corazón de José rechaza la amargura. Ve la mano soberana de Dios sobre su vida, incluso en la mezquindad de sus hermanos. Es por esta causa que puede perdonar de corazón y devolver bien por mal. En Génesis 50, cuando su padre Jacob ha muerto, los hermanos vuelven a inquietarse. Sus conciencias les acusan y sienten temor de que José vaya a vengarse. Cuando José oye esto, le hiere tanto que comienza a llorar. ¡No tiene nada contra sus hermanos! Los ama y quiere ayudarlos. Secando sus lágrimas, los llama a sí: «No temáis; ¿acaso estoy yo en lugar de Dios? Vosotros pensasteis mal contra mí, mas Dios lo encaminó a bien, para hacer lo que vemos hoy, para mantener en vida a mucho pueblo» (Gn. 50:19-21).

¡Qué ejemplo de cómo puede y debiera ser! Estoy convencida de que José practicó esta actitud perdonadora desde una edad muy temprana. Hagamos como José; entrenémonos a ver la perspectiva de Dios en las cosas pequeñas de nuestras vidas. Nuestros corazones y emociones reaccionarán entonces de la manera correcta cuando venga la gran prueba.

Expresa siempre tu perdón verbalmente. Si la persona de que se trata sabe que tienes problemas con ella, exprésale tu perdón. Si no es consciente de ningún problema, confiésalo a un pastor, a un amigo de confianza, etc., y exprésale tu perdón a aquella persona.

Si has mencionado tus sentimientos de resentimiento a una tercera persona, no olvides de volver a ella y decirle que has expresado tu perdón. Ello te evitará que te 'o recuerde la tercera persona en un período posterior.

A veces sientes que preferirías no compartirlo con nadie. Llévalo entonces al Señor. En oración, dile al Señor que has perdonado sinceramente a la persona que te hizo daño. Recuerdo un tiempo en el que tenían lugar cosas penosas en nuestra iglesia, y en que yo me sentía extremadamente turbada y airada con algunas de las personas. Mi marido estaba de viaje, y aquellas cuestiones eran demasiado serias para tratarlas con los niños. ¡No tenía a nadie con quien hablar! El problema de mi ira era aún más apremiante debido a que tenía que hablar aquel fin de semana en un retiro de mujeres acerca de la cuestión... del perdón. Una noche casi estallé de ira, y decidí hacer algo acerca de ello. Me vestí en plan deportivo y me fui al bosque a la carrera, para librarme de algo de mi agresividad. En el bosque le conté al Señor, en voz alta, cuán encolerizada me sentía. Le mencioné al Señor los nombres de las personas involucradas en ello, y le prometí perdonarlas, aunque mis emociones estaban aún desbordadas. Esta acción de la voluntad fue todo lo que pude hacer en aquel momento. Pero Dios sabía mi disposición a obedecer. Volvió a asentarse en mi corazón una cierta paz. No encontré fácil aquel fin de semana hablar acerca del perdón, pero lo hice, sabiendo que había prometido a Dios que perdonaría.

Estoy convencida de que si comenzamos a practicar estas cosas, desarrollaremos una manera de vivir en la que podremos perdonar. Lo que me ministra constantemente es que la Biblia habla acerca de perdonar «de todo corazón». No se trata de hacerlo de una manera mezquina o remilgada, esforzándonos en hacerlo con repugnancia. No: es hacerlo de todo corazón y abundantemente, así como el perdón de Dios es abundante Proverbios 19:11 dice: «La cordura del hombre detiene su furor, y es un honor para él pasar por alto la ofensa.» ¿No es esto un reto? ?

3

¡AYÚDENME, TENGO MIEDO!

Algunas veces lo admitimos abiertamente, pero con más frecuencia, simplemente, lo negamos. Desde la más tierna edad nos volvemos buenos especialistas en encontrar algún pretexto para no admitir que estamos asustados. Somos lo suficientemente inteligentes para maniobrar y colocarnos en tal posición que no tengamos que hacer aquello que más tememos. El temor juega un gran papel en la vida de la gente, incluso si no quieren admitirlo. Para el cristiano, esta situación es aún más difícil. Cuando has hallado la verdadera fe en el Dios omnipotente y has comenzado a confiar en Aquel que guía y conduce todas las cosas de la vida, no debería haber razón alguna para temer. Admitir que tienes miedo suena a terriblemente poco espiritual, y es por esto que no lo confesamos. Sin embargo, parece que muchos cristianos están encarcelados en sus temores. No obstante, preferirían perder la lengua antes que admitirlo. ¿Qué vamos a hacer con este problema?

¿QUÉ ES EL TEMOR?

Comencemos estableciendo que el temor es una emoción normal y necesaria. En una vida llena de peligro, necesitamos el temor para protegernos. Por ejemplo, nos es muy útil el temor cuando viene unautomóvil contra nosotros a toda velocidad. El temor nos inspira y pone en marcha el bombeo de adrenalina, con lo que saltamos a un lado y seguimos viviendo para luchar otro día. Es también bueno tener miedo del fuego. Si no lo tuviéramos, las consecuencias podrían ser serias.

El temor puede ser también una debilidad. Las debilidades no son pecados, sino imperfecciones en nuestro cuerpo o en nuestra alma. Una debilidad es, según el diccionario, una falta de fuerza o de poder, o fragilidad. El Señor Jesús conoció debilidades en su cuerpo humano. En Hebreos 4:15 se nos dice: «Porque no tenemos un sumo sacerdote que no pueda compadecerse de nuestras debilidades, sino uno que ha sido probado en todo conforme a nuestra semejanza, excluido el pecado» (trad. de F. Lacueva). Y en Hebreos 5:7 vemos que el temor fue una de estas debilidades. Jesús, «en los días de su carne», ofreció «ruegos y súplicas con gran clamor y lágrimas al que le podía librar de la muerte», y «fue oído a causa de su piedad».

Aunque el Señor sintió gran temor –y en esto compartió nuestra debilidad–, Él no cometió pecado. Éste es un gran aliento y consuelo. Sin embargo, tenemos que darnos cuenta también que el temor puede ser una puerta que abra la entrada a Satanás.

El Señor Jesús no pecó en Su temor, porque la obediencia a Su Padre era Su principal prioridad. Tenía miedo, pero hizo la voluntad de Dios, y ésta es la razón por la que no pecó.

Esto nos lleva a nuestro punto siguiente. Aunque el temor es una emoción útil y normal, a pesar de que forma parte de la debilidad en la vida humana y que no tiene que ser un pecado, el temor puede sin embargo llegar a controlarnos y a convertirse en el factor determinante de nuestras vidas. En tal caso, algo va mal por alguna parte. Dios no quiere que quedemos encarcelados por el temor, lo que constituye una de las razones por las que Jesús vino a este mundo: para destruir a aquel que tiene el poder de la muerte, esto es, el diablo, y liberar a aquellos que durante toda su vida estaban en servidumbre por su temor a la muerte (He. 2:15).

¿QUÉ DICE LA BIBLIA ACERCA DEL TEMOR?

Aunque estamos por lo general avergonzados de nuestros temores, e intentamos aparentar que somos más valientes de lo que realmente somos, vemos una clara confesión de temor en la Biblia. David sobresale en la descripción de este temor. Empleemos el Salmo 55:5 como ejemplo:

> *«El temor y el temblor vinieron sobre mí,*
> *Y el espanto me ha cubierto.»*

Esta descripción no deja duda alguna acerca de su estado emocional en aquel momento. Es importante ser honrado acerca de tus temores, y, como veremos más adelante, la honradez es desde luego el primer paso a la victoria.

Pero esto no es todo lo que hallamos en la Biblia acerca del temor. La mayoría de versículos en los que se menciona el temor sirven como medio de aliento contra el temor. Vemos esto en decenas de ocasiones en el Antiguo Testamento así como en el Nuevo Testamento. Dios sabe que, por naturaleza, somos personas apocadas, pero una y otra vez nos exhorta a no temer. Por ejemplo, en Josué 1 leemos cuatro veces seguidas el mandamiento y el desafío de Dios a Josué, que va a ejecutar un nuevo mandamiento. Las palabras de Dios son: «Esfuérzate y sé valiente» (v. 6); «Esfuérzate y sé muy valiente» (v. 7); «Mira que te mando que te esfuerces y seas valiente; no temas ni desmayes, porque Jehová tu Dios estará contigo dondequiera que vayas» (v. 9). Y al final le repite una vez más: «Solamente que te esfuerces y seas valiente» (v. 18). Está claro el mensaje, y no debe ser mal entendido. Dios sabe que no le será fácil a Josué. Dios conoce el corazón humano, que está lleno de temor y de incertidumbres. Es por esto que de continuo nos alienta a ser fuertes y valerosos. La base de estas exhortaciones no es el hecho de que de una u otra manera saldremos de ésta, o que las cosas no estén tan mal, sino que estamos en Su poder y en Su presencia. En Is. 41:10 Él le dice a Su pueblo: «No temas, porque yo estoy contigo; no desmayes, porque yo soy tu Dios; yo te doy vigor; sí, yo te ayudaré, y siempre te sostendré con la diestra de mi justicia.»

34

Cuando miramos al Nuevo Testamento vemos que el mensaje de Dios es el mismo: «¡No temas!» Éstas son las primeras palabras de Dios cuando el ángel se aparece a Zacarías, a María y a los pastores. Dios sabe que nuestra primera reacción es de temor, y es por esto que comienza tranquilizándonos. El mismo Señor Jesús alienta una y otra vez a Sus discípulos con las palabras «No temáis» (Lc. 8:50; 12:4-8; Mt. 14:22, 23; 8:26). Con la resurrección hay el mismo mensaje: «No temáis ya; id, dad las nuevas» a los demás (Mt. 28:10).

Para sorpresa nuestra vemos que incluso el apóstol Pablo, un hombre que pasó por tantas cosas por causa del Evangelio, necesitó este aliento de vez en cuando. En dos ocasiones vemos a Pablo teniendo que echar su temor a un lado y hablar, a pesar de su difícil situación. Las tranquilizadoras palabras «Porque yo estoy contigo» se añaden a la misma. Podemos llegar a la conclusión de que Pablo, a pesar del hecho de que era un hombre valeroso, también sentía aprensión ante ciertas cosas, y que conoció el miedo. Pablo, a su vez, alienta a Timoteo a que sea fuerte, y subraya esto recordando a su joven amigo que no había recibido «espíritu de cobardía, sino de poder» (2 Ti. 1:7).

El Señor resucitado, que fue llevado al cielo, saluda a Su amado discípulo Juan en el Apocalipsis con estas palabras: «No temas; yo soy el primero y el último.»

El último versículo acerca de este tema en la Biblia es posiblemente el más difícil de todos. Un versículo que nos hace retroceder y decir: «¡No, Señor, esto yo no puedo hacerlo!» En Apocalipsis 2:10 Jesús le dice a Su iglesia: «No temas en nada lo que vas a padecer.» Añade que algunos serán echados en la cárcel y que habrá tribulación. No hay promesas sólo de rosas y de arrebatamiento, sino el mandamiento: «Sé fiel hasta la muerte, y yo te daré la corona de la vida.»

El Señor conoce nuestros corazones, y por ello la miseria del temor es una y otra vez descrita en la Biblia con mucha regularidad. Pero no es el factor determinante. Dios reta a Sus hijos a que no teman y a que depositen su confianza en Él, incluso si las cosas van mal e incluso si confiar en Él significa la muerte. Es muy importante comprender este mensaje de la Biblia. Algunos cristianos interpretan sus sentimientos de temor como algo que viene de «la conducción de Dios», en el sentido de que no deben hacer algo determinado. Dirán: «No tengo paz acerca de esto», o algo similar. De hecho, lo que quieren decir es que sienten temor. Es importante, en estas cuestiones, ejercer una sana autocrítica. ¿Tengo verdaderamente la convicción del hecho de que no se trata de la voluntad de Dios, o, simplemente, tengo miedo? Y si simplemente lo que tengo es miedo, ¿dónde encuentro el valor para hacer lo que debo hacer?

A) Algunos pasos para vencer tu temor

El primer paso a la victoria en esta área es reconocer honradamente tu temor.

Como hemos visto en la parte anterior, no nos es fácil. Nos sentimos avergonzados acerca de ello, y creemos que los demás nos considerarán poco espirituales si nos mostramos atemorizados. He luchado con muchos temores. Es natural que uno se atemorice con más facilidad que otro. Bueno, pues yo pertenecía al grupo que se atemoriza con mayor facilidad. Cuando era niña, y de jovencita, tenía mucho miedo a quedarme sola en casa. Vivíamos en una casa vieja y grande. Abajo teníamos la tienda con sus probadores y oficina. Después estaba el almacén, y encima de él un gran ático, que era el taller de sastrería. Nosotros vivíamos encima de la tienda. Cuando era oscuro, yo sentía un miedo mortal a aquellas estancias oscuras abajo. También recuerdo que de niña tenía miedo de estar en un automóvil, y conducir por montañas a menudo me dejaba sollozando.

Mis temores llegaron a su punto culminante durante los años en que éramos recién casados. Vivíamos solos, otra vez en una casa vieja y llena de crujidos, y cuando se hacía oscuro, era realmente negro en nuestro solitario camino rural. Mi marido estaba ausente la mayor parte de las tardes. Era pastor en una pequeña iglesia evangélica en Bélgica, y por las tardes visitaba a la gente, dirigía estudios bíblicos y reuniones de oración. Durante las muchas y solitarias noches en casa con mis pequeños morí miles de muertes.

Pero también surgían otros temores. El temor de perder a mi marido era uno de ellos. A menudo tenía que conducir muchas horas para dar prédicas, y nuestro automóvil no era el mejor de la ciudad. También comencé a temer por mis hijos. Cuando dos de mis amistades murieron en diferentes accidentes de aviación en el mismo año, juré que jamás pondría un pie en un avión.

Mi hermana y mi cuñado habían, entretanto, salido del país para trabajar como doctores en el Oriente Medio. Kees los había visitado dos veces y estaba muy entusiasmado acerca del hermoso país árabe en que estaban. Una y otra vez me apremiaba a que los visitara. Yo temblaba ante el solo pensamiento de viajar, y me consolaba con que de todas formas no tenía dinero para ello, y que como madre de cuatro hijos no había forma de que pudiera ir.

Pero... ¡me cayó del cielo el dinero para visitar a mi hermana, y Kees se ofreció a cuidar de los niños! Privada de todas mis excusas, me vi obligada a irme. Durante meses sufrí noches de insomnio, y empleé Valium para mantener un cierto control sobre mí misma. Cuando leía en la prensa acerca de un accidente de aviación, comenzaba a llorar. Naturalmente, Kees estaba bien al tanto de mis temores, pero insistía en que debía ir. Me alentaba y a la vez se burlaba de mí, y no se olvidaba de mencionar que había una ligera posibilidad de que pudiera volver sana y salva. Pero yo no me veía volviendo a casa entera, y le hice prometer que encontraría una buena madre para nuestros hijos.

Para este tiempo, una multitud de gente se había enterado que iba a visitar a mi hermana, y el comentario general era: «¡Qué afortunada que eres, Toos, que puedes visitar a tu hermana! ¡Estoy segura de que estás deseando ir!»

A esto yo sencillamente sonreía con valor, y asentía feliz, pero interiormente pensaba: «¡Si sólo supieran cómo me siento!» Hubiera dado cualquier cosa por no ir.

Por otra parte, yo daba la imagen de ser una mujer fuerte. Estaba conduciendo reuniones, hablaba con regularidad en conferencias y hacía fácilmente todas estas cosas que amedrentan a otras mujeres.

Una tarde había estado en una reunión con una amiga mía. Entretanto, había aprendido (obligada por Kees) a conducir el automóvil. Nunca olvidaré aquella noche. Llovía a cántaros, y nos dirigíamos a casa cuando, de repente, mi amiga me dijo: «¡Qué maravilla, Toos, que puedas ir a visitar a tu hermana!» Entonces ya no me pude aguantar. Prorrumpí en llanto, aparqué el vehículo y le conté mis temores. Ella, naturalmente, se quedó sorprendida ante todo esto. Después hablamos durante largo rato y oramos juntas por este temor mío. Aunque no quitó mis temores, sí que tuve un gran alivio emocional al poder hablar acerca de aquello y orar con alguien. A la semana siguiente tuvimos una reunión con todas las mujeres de nuestro equipo, y de nuevo tomé el difícil paso de compartir mis temores, y les pedí que oraran por mí.

Cuando miro retrospectivamente mi vida y la manera en que el Señor me ha ayudado a vencer muchos temores durante los últimos diez años, me convenzo de que un honrado reconocimiento del temor, el desgarramiento de la máscara de una pretendida mujer fuerte, y mi ruego en oración con toda humildad, fue el primer gran paso en el camino de la libertad. Santiago 5:16 dice que debemos confesar nuestros pecados y orar unos por otros para ser sanados. Si éste es el caso con el pecado, desde luego es el caso también con nuestras debilidades. En mi propia experiencia he visto esto claramente como el primer paso en la dirección correcta.

Tengo que añadir que no me sentí libre de mis temores de manera inmediata. Cuando salí de viaje, me seguía sintiendo muy atemorizada. Para sorpresa mía, regresé sana y salva a Bélgica. Mi temor de volar no se había desvanecido por completo, pero me di cuenta de que todo lo que había experimentado durante aquel viaje compensaba con mucho mi miseria y temor acerca de volar. Cuando regresé, tomé la decisión de principio de que nunca más me privaría de hacer algo por temor.

El reconocimiento honrado de los temores y compartirlos con otros, junto con la petición de oración, fue el primer paso a una vida llena de nuevas experiencias.

B) El segundo paso es entrenarte en fe y confianza

En el Salmo 56:3, 4 leemos: «En el día en que tengo miedo, yo en ti confío. En Dios alabaré su palabra; en Dios he confiado; no temeré; ¿qué puede hacerme el hombre mortal?»

Este versículo nos muestra un maravilloso cambio en la vida emocional de David. Comienza con temor, y con este temor acude a Dios, en quien confía. Y luego hay un cambio. La confianza logra el triunfo, y se desvanece su temor. Ve entonces lo relativo que es lo que el hombre le pueda hacer. Es bueno reconocer tus temores y admitírtelos para ti mismo y ante los otros, pero ¡no permitas que quede ahí!

Nunca vencerás el temor de alguna cosa concreta si no das un paso de fe y la llevas a cabo. Consideremos otra vez mi temor a volar. Yo jamás habría vencido este temor si obstinadamente hubiera rehusado entrar en un avión. Después de un largo viaje, aún no había desaparecido, pero a pesar de mis temores volví sana y salva al hogar. Esto me sirvió de gran enseñanza. Aprendí también que todo lo que había visto y experimentado valía mucho más que mis temores. Cuando, posteriormente, y junto con Kees, hice un largo viaje por África y tuvimos que cambiar de un avión a otro, con tiempo bueno y malo, en grandes aviones «Jumbo» y en pequeños monomotores en el interior de África, tuve que usar todos mis recursos para confiar a Dios mis temores.

Poco a poco, pero constantemente, fui descubriendo que mi confianza crecía y que mi corazón comenzaba a latir más pausado cuando despegábamos, hasta que honradamente pude decir: «En Dios he confiado; no temeré.» ¡Éste fue un maravilloso sentimiento y momento, el momento en que me di cuenta de que mis temores se habían desvanecido! ¡Es una liberación, una victoria! Nunca he experimentado otra vez aquel temor. Ahora más bien disfruto volando. La total confianza en Dios en este proceso juega una parte principal en la consecución de la victoria. Tiene que ver con dejar ir todo aquello a lo que te estás aferrando.

A menudo, la base de todo es nuestro temor a morir. Nuestro temor a volar y a conducir se remonta, en realidad, a nuestro temor a la muerte. Tenemos miedo de una catástrofe aérea o de un accidente automovilístico porque podríamos morir. El temor a los hospitales, a las operaciones, al cáncer, todo ello se reduce a nuestro temor a la muerte. A veces sentimos un terrible temor cuando nos quedamos a solas en casa. Alguien podría venir y... ¿cuál podría ser el resultado final? ¡Podría ser víctima de un asesinato!

Nuestros temores se multiplican también cuando nos casamos y tenemos hijos. Ahora tememos que le pudiera ocurrir algo terrible al marido o a los hijos. De repente tenemos muchas más vidas por las que temer.

Sólo cuando aprendemos a poner en manos del Señor nuestras vidas y las vidas de aquellos que amamos, y nos adiestramos en ello, dejará de atenazarnos este temor destructivo. Cuando me encontraba en medio de este proceso de aprendizaje y luchando con mis temores, recibimos una invitación para hablar en Europa Oriental. Mis conversaciones con los cristianos allí, así como el conocimiento de los enormes riesgos que asumen a diario, han contribuido mucho a mi victoria sobre el miedo. Comencé a darme cuenta de que eran personas como nosotros. No eran más santos ni más valientes por naturaleza. Pero, debido a las circunstancias en que se hallaban, habían dejado ir aquello que les limitaba. Cuando oímos acerca de uno de sus planes de acción, nuestra respuesta fue de absoluto asombro. «Pero ¡esto es demasiado peligroso!» Evidentemente, se rieron de nosotros. «No tememos los riesgos cuando sabemos que la recompensa vale la pena», dijeron, riendo. Gusté allí algo como la actitud de la reina Ester: «Si perezco, que perezca.»

El hermano Andrés, uno de los primeros en dar a conocer la apurada situación de nuestros hermanos y hermanas en Europa Oriental, dijo: «Un héroe es alguien que está asustado, pero que prosigue hasta terminar su tarea.»

Si estás dispuesto, en principio, a desprenderte de estas cosas sobre las que, de todas formas, no tienes poder alguno, descubrirás que ello te libera de tus temores. El Señor Jesús mismo nos apremia a tomar esta línea de acción en Mateo 6. «¿Quién de vosotros podrá, a fuerza de afanarse, añadir a su vida una sola hora?» (v. 27, *margen*). «Pues si no podéis lo más pequeño, ¿por qué os afanáis por lo demás?» (Lc. 12:26).

Conocemos estas palabras de memoria, las cantamos en diferentes canciones, pero ¡es tan difícil ponerlas en práctica! La única manera de comenzar es haciendo exactamente aquello que más temes. Pon tus pies sobre las aguas, pon tu vida, con tus rodillas temblando, en manos de Dios, y comienza a hacer aquello que normalmente no osarías.

Al hacer esto, he experimentado la verdad de estas palabras: «Soltad, y seréis soltados» (cf. Lc. 6:37). Cuando comencé a hacer aquello de lo que tenía un miedo mortal, y la gracia de Dios comenzó a crecer y disminuyeron mis temores, descubrí que ello tenía múltiples efectos. No sólo perdí aquel un temor, sino que lenta, pero seguramente, mis otros temores desaparecieron también. Otro resultado de todo este proceso fue que comencé a dormir mucho mejor. Durante años había estado tomando tabletas para dormir de una forma constante porque muchas veces no podía dormir por miedo a lo que pudiera suceder. Cuando mis temores fueron disminuyendo y creciendo mi confianza, volvió con ello un saludable sueño. Había dejado ir algo con desgana sólo para descubrir que había quedado liberada de los temores que me habían mantenido en esclavitud. Ello comienza con un honrado reconocimiento de tu temor y compartiendo tus debilidades con otros. El segundo paso inevitable en el proceso de liberación lo tienes que tomar de tu propia decisión. Pon tu vida otra vez en manos de Dios, y con Su ayuda comienza a hacer aquello que temes. Tómatelo paso a paso, pero asegúrate de que cada vez se trata de un paso ADELANTE. Pronto descubrirás que vale la pena el esfuerzo y los sacrificios.

C) *Un tercer punto estrechamente relacionado con el anterior es poner siempre tu obediencia a Dios por encima de tus temores*

No hay manera de que puedas considerar tu temor como una indicación espiritual para refrenarte de llevar a cabo algo o para no emprender una determinada línea de acción.

Jesús hizo la voluntad de Su Padre a pesar de saber el sufrimiento que iba a soportar. Aprendió obediencia por lo que padeció (He. 5:8). La reina Ester era también bien consciente de los riesgos que estaba asumiendo. Le pidió a todos los judíos que ayunaran y oraran con ella y sus siervos durante tres días y tres noches. Después de esto, acudió al rey, a pesar de la pena que tal acción conllevaba. Sabía cuáles podrían ser las consecuencias. ¡Sabía que la pena era de muerte! Pero se sintió empujada por algo más grande. Si no asumía el riesgo, todos los demás morirían. A pesar de sus temores, se dio cuenta de su responsabilidad y la reconoció delante de Dios y de su pueblo.

¡Qué terrible dilema para esta joven mujer!

Pero ella puso su obediencia a Dios por encima de sus temores, e hizo luego lo que sabía que debía. Dios honró esta actitud. Él recompensó su valor, y la salvó a ella y a su pueblo (Est. 4).

«Y si no...» (Dn 3:18), exclamaron cuatro jóvenes en una posición de lo más apurada. «Y si no, has de saber, oh rey, que no serviremos a tus dioses, ni tampoco adoraremos la estatua que has levantado.»

Obediencia a Dios... incondicional. La prontitud y buena disposición a afrontar los retos de manera directa, a pesar de la posibilidad del sufrimiento físico e incluso de la muerte.

¿Cómo llegamos a alcanzar esto? Sencillamente, siendo fieles y obedientes en lo poco. No tenemos que avergonzarnos de estar en el proceso de aprendizaje. La disposición a obedecer, a pesar del temor, es sin embargo una condición esencial. No te desalientes si tu temor te vuelve otra vez. En la vida experimentamos altibajos. A veces tenemos el sentimiento de que realmente hemos dominado algo. Hemos aprendido nuestra lección, el Señor nos ha dado la victoria... y entonces... sufrimos una recaída. Para nuestro horror ¡descubrimos que ha vuelto el viejo sentimiento del temor! Pero ésta no es una razón para desalentarse. En Jn. 16:33, poco antes que el Señor emprenda su difícil viaje de sufrimiento y muerte, advierte a Sus discípulos: «En el mundo tendréis aflicción; pero tened ánimo, yo he vencido al mundo.» ¡Qué maravillosa exclamación de confianza, de visión con respecto al futuro y de la victoria!

Éste es el Hijo de Dios, que sabe que todo le ha sido dado, y que la victoria Suya será.

Sin embargo, un par de horas después, este mismo Jesús se encuentra de rodillas en el huerto de Getsemaní, mientras que desciende sangre y sudor sobre Su cabeza por temor ante lo que le ha de sobrevenir. Entonces ruega a Su Padre que le libre de esto y que el sufrimiento no le alcance.

¿Cómo reacciona Dios ante esto? ¿Lo amo-

46

nesta? ¿Le recuerda el hecho de que pocas horas antes Él había proclamado que había vencido al mundo? ¡No! ¡El Padre reacciona como lo haría un Padre amante! «Y se le apareció un ángel del cielo para fortalecerle» (Lc. 22:43). ¡Dios no le hace reproche alguno! ¡Dios no le recuerda su clamor de victoria de hace pocas horas! Dios tiene paciencia y compasión de Su Hijo, y envía a Su ángel para fortalecerle. ¡Qué aliento para nosotros si repentinamente perdiéramos nuestra actitud de victoria! Si Dios no reprende a Su Hijo, tampoco nos reprenderá. Él nos encontrará en nuestra necesidad, y nos dará una especial consolación y gracia.

No te desalientes cuando las cosas no parezcan ir bien. Recuérdate las promesas de Dios, y vuelve a empezar. Si no cejas, sino que sigues practicando estos principios, observarás que ha tenido lugar un cambio, y que estás creciendo hacia la madurez.

4

ACUSAR: LA ESPECIALIDAD DEL DIABLO

Hace un par de años tomé parte en una conferencia para mujeres misioneras. Por la mañana tuvimos a una oradora que dirigió un estudio bíblico, y por la tarde nos repartimos en grupos de discusión y talleres. El tema de uno de los grupos era: Culpa y falsos sentimientos de culpa. Bastantes de las mujeres presentes acudieron a este seminario, lo que demostró que era un tema pertinente para muchas. La líder del grupo intentó que los otros miembros del grupo tuvieran un máximo de participación, pero descubrió que esto era un problema. En cierto punto, nos encaró con la siguiente pregunta: «¿Conocéis estos vagos sentimientos de culpa? No podéis señalar de una manera concreta qué es lo que podéis haber hecho mal, pero os sentís culpables. Comenzáis a perder vuestro gozo, no podéis orar o leer la Biblia, y Dios os parece muy lejano. Vuestra vida se ve ensombrecida por estos terribles sentimientos de culpa, y no sabéis qué es lo que habéis hecho mal.»

Para mi sorpresa, la discusión se animó de verdad después de esta pregunta. La mayor parte de las mujeres se debatían con sentimientos de culpa, a pesar del hecho de que eran todas cristianas entregadas.

El Evangelio da una maravillosa solución para la humanidad con respecto a este constante problema del mal. Veremos más acerca del mismo en el siguiente capítulo. Dios lo ha hecho todo para liberarnos de nuestra culpa. ¿Cómo es posible, entonces, que personas que han conocido el evangelio durante muchos años, que se lo toman en serio y que proclaman las Buenas Nuevas a los otros, sigan sintiéndose acosadas por vagos sentimientos de culpa con los que no saben qué hacer? ¿Hay aquí algún otro factor?

Creo que sí. Es por esto que quisiera que hiciéramos algo de investigación en compañía en cuanto a qué son exactamente estos sentimientos de culpa, y cómo el diablo los emplea.

¿QUÉ SON LOS SENTIMIENTOS DE CULPA?

Un sentimiento de culpa es un indicador emocional de que hay algo que va mal, así como el dolor en nuestros cuerpos nos advierte de que algo está mal físicamente. Aunque a nadie le complace el dolor, sigue teniendo una función muy valiosa en nuestros cuerpos, y Dios nos lo dio para protegernos. Los que han trabajado con pacientes de lepra pueden contarnos las historias más horrendas acerca del resultado de esta enfermedad, en la que los pacientes pierden la sensibilidad al dolor.

50

Los dedos de las manos y de los pies pueden ser comidos por una rata sin que el paciente se dé cuenta de ello. Una pierna puede estar tocando un horno ardiente o en agua hirviendo sin que el paciente sienta dolor alguno. Una persona que no tenga sensibilidad en la región inferior del cuerpo como resultado de un accidente puede tener un apéndice infectado que puede llegar a reventar y resultar en peritonitis, sin sufrir dolor alguno que le advierta de lo que está a punto de sucederle.

No, el dolor no es agradable, y nadie se siente dichoso cuando se le atrapa el dedo en la puerta del automóvil. Sin embargo, este dolor que Dios nos ha dado puede ser una gran bendición.

Bien, los sentimientos de culpa son, de la misma manera, una señal de alarma para nuestro espíritu, para indicarnos que algo va mal, que hay algo que necesita nuestra atención, y quizá una operación espiritual.

Sin embargo, hay una gran diferencia entre el dolor y los sentimientos de culpa. El dolor es en la mayor parte de los casos un indicador fiable de algo, incluso si se precisa de días de pruebas clínicas para encontrar la causa del dolor. El dolor es una función que ha sido puesta por Dios en nuestros cuerpos, sobre la que tenemos muy poca influencia. Pero nuestra conciencia, de la que surgen los sentimientos de culpa, y que también nos ha sido dada por Dios, es influenciada y conformada, muchísimo más que el dolor, por nuestra educación y medio ambiente. El doctor Dobson, un médico americano bien conocido, compara nuestra conciencia con un grupo de hombrecillos muy rígidos que observan muy cuidadosamente todos nuestros pensamientos y acciones dentro de nosotros. Si observan una diferencia entre lo que hacemos y lo que debiéramos haber hecho, de inmediato protestan y recibimos este mensaje: «¡Deberías avergonzarte!»

Una conciencia es, desde luego, algo muy útil en nuestra vida diaria. Con frecuencia nos convence para que hagamos lo que es recto, incluso en las cosas pequeñas de la vida.

Nuestra conciencia nos obliga a no embolsillarnos cosas en el supermercado y luego pasar delante de la cajera como si nada hubiera pasado, sino que nos hace pagar por todo. También ayuda al estudiante a comenzar a estudiar para sus exámenes durante una hermosa mañana de primavera, aunque no tenga ganas de hacerlo. Su conciencia le da al ama de casa el empuje extra que necesita para salir de la butaca donde está mirando la televisión, para ir a preparar la comida, aunque preferiría ver la película con el resto de la familia.

Nuestra conciencia es muy útil, y nos ha sido dada por Dios; pero la conciencia no es infalible. Nuestra educación y medio ambiente tienen una gran influencia sobre nuestra conciencia. Algunas personas sí salen del supermercado con artículos no pagados en sus bolsillos, y no sienten culpa alguna. Hace veinte años, la mayor parte de jóvenes se sentían agobiados por sentimientos de culpa cuando tenían experiencias sexuales antes del matrimonio, mientras que en la actualidad hay miles de jóvenes que encuentran esto totalmente normal. La cultura en la que crecemos tiene también una enorme influencia sobre nuestra conciencia. Mientras escribo este libro estoy visitando a mi hermana y a mi cuñado, que están involucrados en trabajos médicos en un país árabe tradicional. Cuando miro por la ventana, veo multitudes dirigiéndose hacia el hospital. Todas las mujeres están totalmente vestidas de negro y totalmente veladas. Para ellas sería algo totalmente inaceptable exponer la más mínima parte de su rostro en presencia de hombres extraños. Los estrictos hombrecillos de sus conciencias les darían unos sentimientos de culpa del tamaño del monte Everest si osaran levantar el velo que las cubre.

Una mujer occidental ha sido criada con un diferente tipo de valores, y con estas elevadas temperaturas saldría con pantalones cortos, minifaldas, vestidos sin mangas o, a veces, hasta con menos, sin sentirse culpable de nada.

Por todo esto, podemos ver que nuestra conciencia es necesaria, útil y un don de Dios, pero sometida a la educación y al medio ambiente, y, en este sentido, ¡falible!

Es por esto que tenemos que aprender a sintonizar nuestra conciencia con Dios y Su Palabra. Ello es de la mayor importancia a fin de conducir una vida cristiana equilibrada y no sentirnos cargados por falsos sentimientos de culpa.

¿CÓMO PODEMOS DISTINGUIR ENTRE LOS FALSOS SENTIMIENTOS DE CULPA Y LOS VERDADEROS?

Cuando nuestra conciencia nos acusa y nos sentimos abrumados por sentimientos de culpa acerca de alguna cuestión, siempre tenemos que hacernos dos preguntas:

A) ¿Qué dice la Biblia acerca de esto?

Algunas de las cuestiones en las que nuestra conciencia nos acusa las podemos remontar a la Biblia. Dios es muy explícito en Su Palabra acerca del homicidio, del adulterio, de los robos, de la mentira, etc. Si nos sentimos culpables acerca de una mentira o de una relación adulterina, no tenemos que mirar muy lejos para ver si este sentimiento de culpa tiene justificación o no. Nuestra conciencia nos acusa para llevarnos a examinarnos a nosotros mismos, a confesar nuestro pecado y a librarnos de este sentimiento de culpa antes que empeore. Pero hay cosas que no podemos remontar a la Biblia. Por ejemplo, puede suceder que una familia que trae un niño disminuido a este mundo se enfrente con grandes sentimientos de culpa. Los padres se sienten culpables, a veces, porque su hijo es algo «lento» en la escuela. Sienten que debe haber algo en ellos que no está bien, haciendo fracasar su paternidad.

Hay muy poco escrito en la Biblia acerca de esto, excepto que los discípulos le preguntaron también a Jesús si el ciego de nacimiento padecía aquella disminución debido a que sus padres hubieran pecado. Jesús dejó muy claro que ni el ciego ni sus padres habían pecado.

Otras personas se sienten agobiadas por la culpa cuando ven en la televisión el hambre en Etiopía o la situación de los refugiados en otras partes del mundo. Ahora bien, tengo que admitir que es buena cosa tener sensibilidad a las necesidades de este mundo y dar abundantemente de lo que tenemos. Pero no es razonable sentirse personalmente responsable o culpable por todo el sufrimiento de este mundo.

B) ¿Era intención mía hacer el mal?

Aquí, otra vez, podemos reflexionar acerca de los padres del niño disminuido. Estas personas jamás desearon que su hijo tuviera problemas.

Hace poco tiempo estaba mirando un programa de televisión acerca de errores cometidos en hospitales por médicos, que tuvieron como resultado la muerte de niños. Todos los padres entrevistados en este programa estaban agobiados por grandes sentimientos de culpa acerca de la muerte de sus niños.

Pensamientos como:

«Ojalá no hubiera dado autorización para operar.»

«Ojalá que hubiera escogido otro hospital.»

«Ojalá hubiera hecho más preguntas acerca de los riesgos involucrados.»

Pero, ¿están justificados en estos casos estos sentimientos de culpa? ¡No! Todos estos padres habían hecho honradamente lo que consideraban que sería lo mejor para sus hijos. Ninguno de ellos deseaba dar muerte intencionadamente a su niño.

SATANÁS, EL ACUSADOR

A Satanás le gusta emplear estos sentimientos de culpa para realmente atormentar y obstaculizar a sus víctimas. Porque si te sientes terriblemente culpable acerca de algo que no es culpa tuya (como el hambre en el mundo), entonces no hay ni confesión ni perdón para esta culpa. Estos falsos sentimientos de culpa pueden parecer, en ocasiones, muy piadosos, pero de hecho son usados por el «padre de la mentira», que pretende ser «ángel de luz», y nos acusa día y noche en nuestra conciencia acerca de cuestiones para las que no podemos ir en busca de perdón, a fin de devorarnos y de echar nuestras vidas a la vía muerta.

LAS MUJERES EN SERVICIO A TIEMPO COMPLETO SON FRECUENTEMENTE PRESAS DE FALSOS SENTIMIENTOS DE CULPA

Si miramos la forma en que Satanás puede atormentar a las personas y desalentarlas por medio de falsos sentimientos de culpa, creo entonces que las esposas de pastores, misioneros y líderes cristianos, en otras palabras, mujeres que soportan responsabilidades en la obra espiritual, están en un gran peligro de ello.

En general, se trata de personas con un deseo de servir a Dios. Sienten un enorme peso de responsabilidad y desean servir a los demás en todas ocasiones. Desde luego, no quieren ser egoístas, y bajo las presiones del trabajo y las abrumadoras demandas que se ejercen sobre ellas, podría suceder que en cierto momento sean física y emocionalmente incapaces de resistir. He hablado frecuentemente con misioneras y esposas de líderes espirituales que estaban totalmente agotadas, pero, sencillamente, no les era posible relajarse un poco. Y todo debido a que sus conciencias no las dejaban.

El verano pasado fui invitada, junto con un número de otras esposas de líderes, a hablar con una psiquiatra especializada en los problemas de los obreros misioneros. Todas nosotras estábamos alrededor de los cuarenta años, y la mayoría de nosotras habíamos estado sirviendo a todo tiempo por más de veinte años. Además, casi todas nosotras teníamos familias grandes con algunos adolescentes en desarrollo. Aunque éramos de diferentes nacionalidades y trabajábamos en campos misioneros totalmente diferentes, los problemas eran los mismos. Estábamos cansadas, y la mayoría de nosotras sufríamos la presión constante de recibir y cuidar asiduamente a visitantes, de evangelismo, el cuidado de los nuevos convertidos, las muchas conferencias, reuniones de oración, estudios bíblicos y la continua falta de dinero; todo esto era demasiado para soportarlo.

Nos quedamos sorprendidas al ver que esta psiquiatra cristiana encontraba esto totalmente normal. Nos dijo que sólo había una solución para nuestro problema común. Dijo: «Las personas de vuestra edad y con vuestro ritmo de vida tenéis que salir una vez a la semana –al menos por medio día–. Id a nadar, a pasear o a jugar a tenis, pero iros. Además de esto, ¡todas necesitáis un mes de vacaciones al año, dividido en dos!»

Nos miramos unas a otras, y comenzamos a reír. ¡Quién podía permitirse estos lujos! Pero, aun en el caso de que tuviéramos la oportunidad, la reacción de la mayor parte de las mujeres era: «No me atrevería; ¡me sentiría atormentada por mis sentimientos de culpa!»

Sigo creyendo que la psiquiatra tenía razón. No hay otra solución a estos problemas.

Cada una de nosotras debiera hacerse estas preguntas con respecto a estos sentimientos de culpa:

¿Es antibíblico tomarse un descanso cuando has llegado al agotamiento? ¡Claro que no!

¿Es razonable tomarse unas vacaciones cuando estás abrumada de cansancio? ¡Desde luego!

¿Está mal, o es egoísta, tomarme un descanso de vez en cuando? No, porque podré servir tanto mejor al Señor, a mi marido, a mis hijos y a mi prójimo.

Casi me atrevería a decir que cuanto más una persona está entregada al Señor, y cuanto mayores sean sus sentimientos de responsabilidad para los asuntos del Señor, tanto mayor es el peligro de que los falsos sentimientos de culpa atormenten su vida. Estos falsos sentimientos de culpa

pueden a veces resultar en la neutralización de
una persona valiosa en el servicio de Dios por causa de una depresión o de serias dolencias físicas,
y el diablo habrá logrado de este modo su objetivo.

¿QUÉ HACEMOS CON LOS FALSOS SENTIMIENTOS DE CULPA?

El reconocimiento y aceptación de que ciertos
sentimientos de culpa no son bíblicos ni razo-
nables es un gran paso en la dirección correcta.
Dos pasajes de la Biblia que me han ayudado
enormemente en esto son:

Jeremías 17:9.

«Engañoso es el corazón más que todas las cosas, y perverso; ¿quién podrá conocerlo? Yo, Jehová, escudriño el corazón y pruebo los riñones.»

Por lo general, empleamos este versículo para
indicar lo desesperadamente malos que somos, y
en muchos casos es así. Pero también en el juicio
de nosotras mismas es nuestro corazón engañoso
más que todas las cosas. ¡Qué maravilloso que
Dios nos escudriña y sabe cuándo nuestras inten-
ciones eran limpias! Él sabe que sólo queríamos
hacer algo bien, y que sin embargo nos sentimos
acusadas.

1 Juan 3:20

«Pues si nuestro corazón nos reprende, mayor
que nuestro corazón es Dios, y él conoce todas las
cosas.»

Esto es maravilloso. Incluso si nuestro corazón nos condena. Dios es mayor. Él conoce y escudriña más que nosotros. Él es el Padre amante. ¡Él no está de pie con una vara detrás de la espalda esperando a castigarnos (como sucede frecuentemente con nuestra conciencia) por algo que no es ni pecaminoso ni irrazonable! Él es el buen Pastor, y si estamos cargados con falsos sentimientos de culpa, tendremos que aprender a escondernos en Él.

Nuestros sentimientos de culpa son inspirados frecuentemente por el temor de lo que los otros pensarán de nosotras. Incluso si sabemos y creemos sinceramente que lo que dijimos o hicimos era correcto, seguirá habiendo el vago sentimiento de culpa que surge del temor al juicio de los otros. Es importante que aprendamos a reconocerlo y a tratar con ello. Somos responsables ante Dios, que es mayor que nuestros corazones, y que todo lo sabe.

¿Te sientes agobiada por vagos sentimientos de culpa? ¿Te sientes culpable acerca de cosas que no pudiste evitar y por las que no puedes pedir perdón? ¿Se origina tu sentimiento de culpa de tu temor a los demás? ¡Resiste al diablo! Él es el acusador listo a atraparte. Su objetivo es hacerte ineficaz. Escóndete en Dios. Deja que Él ponga tus pies sobre la Roca que es Cristo. Allí se encuentran el perdón y la libertad.

5

¡UN PESO QUITADO DE ENCIMA!

SENTIMIENTOS DE CULPA JUSTIFICADOS

En base al capítulo anterior podrías llegar a la conclusión de que la mayoría de los sentimientos de culpa que experimentamos están totalmente injustificados. Podrías llegar a la conclusión de que todo lo que tenemos que hacer es aprender a echar a un lado las acusaciones de nuestra conciencia un poco más diplomáticamente.

Pues esto no es cierto, desde luego. Como hemos visto en el capítulo anterior, Dios nos ha dado la conciencia como señal de alarma en caso de peligro. A veces es una falsa alarma, pero frecuentemente la alarma señala un verdadero peligro.

Cuando chillaba a mis hijos, cuando perdía la paciencia, cuando faltaba a la honradez o me sentía tentada a comprar algo que realmente no necesitaba, o algo incluso peor que cualesquiera de estos ejemplos, era entonces para bien que mi conciencia me acusaba. Pero vuelve a surgir la pregunta: «¿Qué hago con esta culpa?» Hay varias posibilidades:

1) Puedo pretender que nada va mal, encontrar excusas para mí misma y endurecer mi

corazón. Si hago esto un suficiente número de veces, la voz de mi conciencia perderá su poder y se deteriorará de una manera irreversible.

2)   En segundo lugar, puedo castigarme a mí misma. Por naturaleza, la mayor parte de nosotros tendemos a hacer esto. Si realmente pienso que he llegado demasiado lejos en algo, intentaré entonces ser extra buena durante las siguientes horas y los siguientes días, a fin de «compensar» y ganarme de nuevo el «favor» de Dios. Aunque es antibíblico, es, desde luego, una actitud muy humana. Pero no es ésta la solución para los sentimientos de culpa.

3)   La tercera y única solución correcta para nuestros sentimientos de culpa justificados reside en la esencia del Evangelio. El Señor Jesús no vino a la tierra sólo para perdonarnos los pecados que habíamos cometido antes de nuestra conversión, no; Él murió por todos nuestros pecados. Toda la Biblia está llena de ello.

Salmo 130:4 – «Pero en ti hay perdón.»
Salmo 103:3 – «Él es quien perdona todas tus iniquidades.»
Salmo 103:8-12 – «Misericordioso y clemente es Jehová; lento para la ira, y grande en misericordia... No ha hecho con nosotros conforme a nuestras iniquidades... Cuanto está lejos el oriente del occidente, hizo alejar de nosotros nuestras transgresiones.»

¿Qué hemos de hacer a fin de obtener este perdón?

1 Juan 1:9 – «Si confesamos nuestros pecados, él

es fiel y justo para perdonarnos nuestros pecados, y limpiarnos de toda iniquidad.»
1 Juan 1:7 – «La sangre de Jesucristo su Hijo nos limpia de todo pecado.»

La única solución es la confesión y el arrepentimiento. En la historia de David y Betsabé es muy de destacar que al principio David endurece su corazón e intenta taparlo todo, y vive con esta carga de pecado durante unos dos meses (aunque él mismo confiesa que en tanto que estuvo callado, sus huesos se resecaron dentro de él). Sin embargo, cuando el profeta Natán le dijo: «Tú eres ese hombre», hubo un arrepentimiento inmediato. En 2 S. 12:13 se nos dice: «Entonces dijo David a Natán: Pequé contra Jehová. Y Natán dijo a David: También Jehová ha remitido (RV) tu pecado.»
El pecado de David no era una menudencia: Adulterio complicado con un asesinato. Y para coronarlo, había estado viviendo bastante tiempo como si no hubiera pasado nada. Pero cuando el profeta se dirige a él, se da una consciencia total de pecado y de arrepentimiento. La respuesta inmediata de Dios a esta confesión es: «He quitado de ti tu pecado.» Esto es maravilloso, casi demasiado maravilloso y sencillo para ser cierto. Pero éste es precisamente el mensaje de la Biblia.

LA SOLUCIÓN DE DIOS

Muchas personas, y también muchos cristianos, sufren bajo el agobio de los sentimientos de culpa. Y creo que las mujeres sufren incluso más que los hombres. El poder que podrían llegar a poseer no es nunca empleado de una manera eficaz porque estos sentimientos de culpa las abaten y las llevan a sentirse desdichadas.

Pero ningún cristiano debiera tener que vivir jamás con sentimientos de culpa. Si los sentimientos de culpa son correctos y tienen justificación, entonces Dios nos ofrece una solución tremenda e inmediata. Ponlo todo delante de Él. Él los arroja a lo más hondo de la mar, y, como ha dicho Corrie ten Boom: «Pone después un cartel que dice: ¡Prohibido pescar!»

¡Qué maravilla! Ésta es la esencia del Evangelio. No tenemos que pretender que todo está bien. No tenemos que tragar Valium porque no vemos forma alguna de escapar de nuestra culpa. Podemos confesarlo. Somos pecadores. Hacemos lo malo, constantemente. Somos falibles. Pero no es éste el final de la historia. Jesucristo vino a este mundo a tomar la culpa sobre Sí y a sufrir la pena de muerte por nosotros. ¡Qué maravilla! ¡Qué grande que es esto! Dios puede perdonarnos ahora y aceptarnos como hijos amados, en tanto que Su justificada demanda de castigo quedó satisfecha.

¿Puedes ver así que un cristiano nunca tiene que andar por la vida con un complejo de culpa? Si el sentimiento de culpa tiene justificación, sólo tenemos que confesarlo delante de Dios y pedir Su perdón. Y Él es abundante en perdonar.

Sin embargo, si el sentimiento de culpa es vago y falso, tendremos que aprender a traerlo también delante de Dios, para librarnos del mismo y reivindicar la libertad que nos da Dios. Dios no deja sitio para los complejos de culpa.

6

UN COMPLEJO DE INFERIORIDAD... ¿CÓMO HA VENIDO?

Los sentimientos de inferioridad florecen en nuestra sociedad occidental. Cuando visité la Península Arábiga y observé la manera de vivir de los agricultores y de las poblaciones tribales de este fascinante lugar de la Tierra, me pregunté cómo estas gentes se veían a sí mismas. Cuando se lo pregunté a mi hermana y a mi cuñado, que han trabajado en aquella área durante muchos años, no estaban muy seguros de qué decirme. Aunque tienen muchos amigos en aquella área, y han edificado un sentimiento de confianza con los naturales de allí, no podían recordar haberse encontrado con sentimientos de inferioridad entre aquella gente, estos sentimientos que tanto conocemos en occidente.

¿Se debe ello a que la vida es mucho más lenta y menos exigente? ¿Se debe la ausencia de este complejo al hecho de que las familias y las tribus están mucho más estrechamente entretejidas y que por ello la persona goza de mucha más protección familiar? ¿Se debe al hecho de que la educación escolar, la apariencia externa o los vestidos atractivos son de poca importancia en aquella sociedad tradicional? ¿Son los sentimientos de inferioridad un lujo que el Tercer Mundo no se puede permitir porque la batalla por la vida demanda toda su atención? ¿Es posible que su creencia y confianza en Alá, que lo dispone todo en la vida, les haya servido de defensa? Cada uno es libre de sacar sus propias conclusiones, pero sospecho que se trata de una combinación de las posibilidades mencionadas.

La destrucción de esta misma combinación en la cultura occidental es lo que posiblemente ha llevado a la influencia de complejos destructores. Aunque los hombres luchan también contra los sentimientos de inferioridad, parecen haber llegado a proporciones epidémicas entre las mujeres. El doctor James Dobson, el bien conocido médico cristiano americano, y especialista en el área de los problemas familiares, investigó las razones más importantes para la depresión entre las mujeres. La mayor parte de las mujeres exploradas admitieron que los sentimientos de inferioridad eran la principal causa de su depresión. Un ochenta por ciento mencionaron complejos de inferioridad entre las primeras cinco causas de su depresión. Se trataba frecuentemente de mujeres hermosas y bien instruidas, que desde luego no presentaban esta imagen ante el mundo exterior. La investigación incluía a mujeres procedentes de diferentes clases y condiciones, madres, amas de casa y trabajadoras.

En base a mi propia experiencia en mi actividad entre muchachas y mujeres de muchos países, se hizo claro que este problema no estaba limitado a personas no cristianas.

La mayor parte de mujeres ven sólo dos posibilidades al afrontar estos complejos:

1) La primera, y la escogida por la mayoría de las mujeres cristianas, es la opción de «retirarse». Si te quedas en la trastienda, nunca te dedicas a conocer a personas nuevas, nunca das tu opinión y nunca tomas la iniciativa; ¡el riesgo de quedar como tonta es mucho menor! Las seguras paredes de tu hogar y de tu familia te ofrecen protección contra las críticas y el rechazo. No que estés logrando la victoria ahora contra tu complejo. Te reprochas y recuerdas de continuo que no puedes ni osas hacer nada. Ser «sólo ama de casa» no es tampoco una profesión demasiado encomiada en este mundo. Si tus sentimientos de inferioridad son la principal razón de que te hayas retirado a tu hogar, lo que sucederá es que se potenciarán, y que incluso tu marido e hijos pueden convertirse en una amenaza para ti.

2) La segunda reacción es la de odio y oposición a todo lo que dé una mera sugerencia de «macho». Creo que encontramos menos esta reacción entre las mujeres cristianas porque esta actitud no sería bien aceptada por los cristianos y porque provocaría una buena cantidad de críticas. Pero en la sociedad que nos rodea vemos mucho de esto. El odio y el resentimiento dominan en el ala extrema del feminismo, y todo lo que sea macho tiene que sufrir por la injusticia cometida contra las mujeres, puesto que causan sus sentimientos de inferioridad.

Podrías encontrar esta reacción en algunas mujeres cristianas, pero serán mucho más sutiles. No predicarán el feminismo, sino que aprovecharán todas las oportunidades posibles para criticar, minar y herir a su marido. Todo esto para hacerle sufrir por el dolor que les causan sus sentimientos de inferioridad y por los que ellas les consideran responsables, bien consciente, bien subconscientemente.

¿Cuáles son algunas de las causas de estos sentimientos de inferioridad?

A)   Creo que nuestra naturaleza pecaminosa y nuestros antecedentes constituyen la más profunda y fundamental causa de los complejos de inferioridad en el hombre. Se encuentra profundamente dentro de esta naturaleza caída, pecaminosa y separada de Dios. Incluso los niños pequeños tienen miedo a quedar por tontos, y están continuamente buscando, como sus padres, una confirmación y aprobación de sus acciones. Cuando el niño crece, pasa al jardín de infancia, a la escuela primaria y al instituto; la vida se convierte en una gran partida de «intentar no ser diferente». Su misma inseguridad y falta de estimación propia le obligan a ceder para lograr la aprobación del grupo. Si todo va bien, y el niño es encomiado en casa, logra la aprobación de los maestros y se hace popular entre sus amigos, entonces su confianza en sí mismo se irá haciendo, lenta pero seguramente, más fuerte. Cuando sucede lo contrario, y el niño sólo recibe críticas y ridiculización en casa, a la vez que parece que nada funciona en la escuela y los otros niños no quieren jugar con él, entonces cada día constituye una penosa confirmación del sentimiento, ya siempre presente, de que es de verdad «un caso perdido». Los años de la adolescencia, que son un tiempo de inseguridad y de búsqueda de la propia personalidad, se convierten, incluso para el niño más confiado, en un tiempo terrible. La rebelión, y el intento de demostrarse a sí mismos de todas las maneras posibles... e imposibles, son las únicas formas en las que se pueden afirmar a sí mismos. ¡Parece que la única manera de demostrar que se es «alguien» es ir a contrapelo, dárselas de duro, beber alcohol, fumar cigarrillos y experimentar con el sexo e incluso con las drogas! Desafortunadamente, todo esto es un callejón sin salida, que sólo conduce al inseguro joven a mayores problemas.

Una familia estrechamente unida, amante y alentadora es, desde luego, uno de los factores más importantes para ayudar al hijo a desarrollar un sentimiento sano de estimación propia. Los padres necesitan una medida extra de sabiduría y de sensibilidad para saber cuándo alentar y cuándo amonestar. Las modas, la música, la televisión y las fiestas son cuestiones en las que todo sabio padre cristiano intervendrá. Asegúrate, cuando es posible, de dejar que el niño forme parte del grupo. Las opiniones acerca de esto diferirán, naturalmente, de familia en familia. Sigo creyendo que no deberíamos prohibirlo todo a la ligera, ni tampoco permitirlo todo. Nunca deberíamos subestimar lo difícil que es para un niño encontrarse solo en algo. La exclusión de un grupo puede dejar cicatrices para toda la vida en el alma del niño, y llevar a grandes problemas durante los años de la adolescencia. Es de inmensa importancia pasar mucho tiempo con el niño y preguntarle acerca de sus sentimientos, sobre cuestiones que le toquen a él.

Yo he tratado de evitar a toda costa obligar a mis hijos a llevar ropa con la que se sintieran ridículos y fuera de la moda. Es mejor tener sólo dos pares de pantalones y dos jerseys que sean «in» que todo un armario de ropa que encuentre repelente. Si somos sensibles a estas cuestiones, si nos aproximamos a nuestros niños, si simpatizamos con ellos, si compartimos sus dolores, sus goces y sus soledades, podrán afrontar la vida. Si hablamos acerca de sus sentimientos y les ayudamos y alentamos, les será más fácil descubrir y comprender dónde se encuentra el límite de lo que como cristianos podemos hacer, y dónde tenemos que mantenernos firmes. Estoy convencido de que si tratamos de esta manera con los sentimientos innatos de inseguridad en nuestros hijos, experimentaremos la gracia y la ayuda de Dios, y los veremos crecer hasta llegar a ser jóvenes cristianos estables.

B) Una cara bonita y una buena figura pertenecen ambas a los rasgos esenciales por los cuales las personas son juzgadas y se juzgan a sí mismas. Lo curioso es que ni lo hermoso es nunca suficientemente hermoso. Una persona piensa que tiene la nariz demasiado larga, otra cree que tiene los dientes demasiado grandes. La mayoría de muchachas y mujeres piensan que están demasiado gordas, pero si están delgadas piensan que están demasiado flacas. Yo siempre he sido flaca, y recuerdo bien los comentarios que hacían de mí en la escuela: «Piel y huesos», «Hace la misma figura por delante que por detrás», etc. Siempre había deseado estar algo más rellenita, pero ahora he descubierto que otras, que yo pienso que tienen una figura ideal, se consideran demasiado gordas. No hay ninguna medida objetiva, y la apariencia exterior es para muchas mujeres una causa inagotable de sentimientos de inferioridad.

C)   La poca inteligencia y la carencia de instrucción son causas concretas de sentimientos de inferioridad. Creo que para la mayoría de las muchachas la belleza es más importante que la inteligencia, mientras que con los chicos es quizá al revés. Nuestras escuelas exigen mucho de nuestros niños. La frustración diaria de un niño que no llega a las pautas del sistema puede al final llevar a efectos muy negativos. Recibir notas insuficientes día tras día en la escuela refuerza los terribles sentimientos de que eres sencillamente torpe. Incluso si tus padres te hablan en otro sentido y te dicen que cada persona está dotada de manera diferente, estas malas notas siguen confirmándote que ellos están equivocados y que tú tienes razón en el juicio de ti mismo.

Muchos adultos se encuentran cargados de complejos que desarrollaron mientras se encontraban en la escuela. La carencia de educación académica influenciará también a la persona para el resto de su vida. Es de conocimiento común que los padres apremian a menudo a sus hijos a que hagan lo imposible para que triunfen donde ellos fracasaron. Muchas mujeres se consideran tontas. El aislamiento en el hogar con niños pequeños, y los mezquinos comentarios del marido acerca de su falta de conocimiento o penetración respecto a ciertas cuestiones, va constantemente desarrollando estos sentimientos de inferioridad hasta un punto irreversible.

D)   Un cuarto y muy importante factor por el que una persona puede sentirse inferior es el constante fracaso. Nuestra sociedad da gran valor al sexo y a la belleza, a la inteligencia y al éxito. Si no puedes afrontar ciertas áreas de la vida, quedan sembradas las semillas de un complejo de inferioridad.

La cuestión clave en la vida de un hombre es su trabajo. Si fracasa en su trabajo, se considera un fracasado en la vida.

Largos períodos de desempleo provocan enormes destrozos en la confianza de uno en sí mismo.

Para las mujeres, la cuestión clave es su familia. Si fracasan en hacer ir bien su matrimonio, incluso cuando han dado todo de sí, sufren una profunda sensación de fracaso. El conocimiento de no haber podido salvar tu matrimonio, el hecho de que has sido incapaz de mantenerlo a tu lado, de que aquel a quien tú amabas y en quien has invertido tu vida ya no te quiere más, o te ha dejado por otra, lleva frecuentemente a la mujer a perderse el respeto a sí misma.

Con todo esto en mente, consideremos algunas cosas acerca de criticarse unos a otros.

Hay, desde luego, tantas personas que viven con sentimientos de inferioridad como personas que tienen problemas con su orgullo. ¿Por qué será que estamos tan dispuestos a criticar a los demás? ¿Será porque nos sentimos inseguros? Nos parece que si humillamos a alguien ello mejora de alguna manera nuestra imagen. Pero no nos damos cuenta de que la persona que acabamos de humillar y de deshacer podía también estar luchando con sentimientos de inferioridad. ¿Y qué es lo que acabamos de hacer? Lo hemos echado más abajo del hoyo. Una continua crítica destructiva es un veneno mortífero que puede destruir hasta a la personalidad más enérgica. Quizá debiéramos examinarnos a nosotros mismos más estrechamente si somos del tipo de personas a las que les encanta criticar a los demás. Consideremos si esta actitud y tendencia es resultado de nuestra superioridad o de nuestros mismos sentimientos de inseguridad. No importa en qué lado de la moneda estemos: es muy importante que cada uno de nosotros se examine a sí mismo antes de criticar a los demás. Si estoy al borde de criticar a alguien, tengo que contar hasta diez, y luego preguntarme cuáles serán las consecuencias de mi crítica. Quizá la otra persona es también sólo un niño o una niña en lo más hondo de su corazón. Puede que la otra persona esté también bregando con sentimientos de inferioridad que sólo empeorarán con mis críticas. Pero ¡ya hablaremos más acerca de esta cuestión en el siguiente capítulo!

CONCLUSIÓN

En base a las páginas precedentes hemos podido ver cómo desarrollamos nuestros complejos. A algunas personas les puede ser útil comprender la fuente de sus problemas. A otras, especialmente a los padres de hijos jóvenes, puede servir de ayuda saber cómo proteger a nuestros hijos de la miseria de los sentimientos de inferioridad.

Pero la principal pregunta para la mayoría no es «¿Cómo ha venido?», sino más bien «¿Cómo me lo quito de encima?»

7

UN COMPLEJO DE INFERIORIDAD... CÓMO QUITÁRSELO DE ENCIMA

Por ahora ya debiéramos haber llegado a la conclusión de que muchos de nosotros vivimos con sentimientos de inseguridad e inferioridad. Algunas personas se ven más acosadas por ellos que otras. Para algunas, todo en la vida parece ir en contra de ellas. Todo esto nos influencia en cuanto a cómo nos sentimos y a cómo pensamos de nosotros mismos.

Aunque todo esto es muy normal y humano, como cristianos no podemos escapar a preguntarnos si esto no debiera cambiar una vez hemos aceptado a Cristo. Pablo dice que venimos a ser una nueva creación en Cristo, que las cosas viejas pasaron, y que he ahí todas son hechas nuevas. En cierto punto nos damos cuenta de que los sentimientos de inferioridad no concuerdan con ser una nueva creación.

Lo mejor que podemos hacer es recurrir a la Biblia, y esto es exactamente lo que vamos a hacer.

A) Dios es la meta última de nuestras vidas. Nuestra felicidad no es la meta última.

«Mas buscad primeramente el reino de Dios y su justicia, y todas estas cosas os serán añadidas» (Mt. 6:33). Éstas son las palabras del Señor Jesús respecto a la forma en que las personas se inquietan acerca de sí mismas.

«Amarás al Señor tu Dios con todo tu corazón, con toda tu alma, con toda tu mente, y con toda tu fuerza. Éste es el principal mandamiento. El segundo es éste: Amarás a tu prójimo como a ti mismo» (Mr. 12:30, 31).

Según Jesús, todo en nuestras vidas debiera estar dirigido a amar a Dios y, a renglón seguido, a nuestro prójimo. Esto deja poco espacio para inquietarnos por nosotros mismos.

Pablo nos amonesta una y otra vez, lo mismo que Pedro, acerca de que tenemos que hacerlo todo para la gloria de Dios, y en el nombre del Señor Jesús, dando gracias a Dios el Padre, para que Dios sea glorificado por medio de Jesucristo.

La honra y la glorificación de Dios debieran ser el punto central de nuestro pensamiento.

B) Las leyes de Dios funcionan de la otra manera.

Generalmente pensamos que dándonos más tiempo a nosotros mismos y haciendo todo lo posible para ser respetados en la vida estaremos mejor. Pero en Marcos 8:35 el Señor Jesús nos dice: «Pues cualquiera que desee salvar su vida, la perderá; pero cualquiera que haya de perder su vida por causa de mí y del evangelio, la salvará.»

¡Éste es un lenguaje diferente! Es totalmente contrario a la manera en que pensamos. Por causa de todos nuestros complejos y sentimientos de inferioridad, estamos continuamente ocupados acerca de nosotros mismos, amplificando nuestros egos, reafirmándonos a nosotros mismos y tratando de recuperar nuestro honor. ¡Y ahora el Señor Jesús nos dice precisamente lo contrario! ¡Déjate ir, ríndete a mí, sé el último, hazte el más pequeño, pierde tu vida por causa de mi Nombre, porque ésta es la única manera de salvarla!

C) Dios da un gran valor al individuo.

Encuentro muy interesante comparar la estimación que Dios tiene de nosotros, con la manera en que nosotros nos miramos a nosotros mismos.

a) El hombre, la corona de la creación de Dios.

Dios nos creó a Su imagen (Gn. 1:26), y Dios se agradó. Después de la creación de la naturaleza, el hombre era el orgullo y gloria de Dios, la cosa más hermosa y preciosa que jamás había hecho.

Incluso después de la «caída» Dios sigue teniendo al hombre en alta estima. El hombre sigue siendo la creación más hermosa y valiosa. En

Génesis 9:6 Dios dice que aunque el hombre está arruinando su vida, sigue siendo de gran valor para Dios, porque a imagen de Dios ha hecho Dios al hombre. Por ello, su vida tiene un gran valor. En el salmo 8, David contempla el cielo y se maravilla ante la grandeza del universo. ¡El hombre parece tan pequeño e insignificante en comparación con toda la inmensidad del cosmos! Pero David conoce también a Dios como un amigo personal que da mucho valor a la vida humana. Por esta razón exclama (versículos 5 y 6) inspirado por el Espíritu Santo: «Le has hecho [al hombre] un poco inferior a los ángeles, y lo coronaste de gloria y de honra. Le hiciste señorear sobre las obras de tus manos; todo lo pusiste bajo sus pies.» ¡Esto deja poco lugar para los sentimientos de inferioridad!

b) ¡El hombre caído es objeto del abrumador amor de Dios!

Tanto amó Dios al hombre que, incluso después que el hombre cayera en desobediencia y quedara separado de Dios por sus pecados, lo hizo todo por salvarlo. Todo, hasta el punto de dar a Su Hijo unigénito. Por medio de la sangre preciosa de Jesús, Dios, que nos había creado, nos rescató.

c) El hombre que acepta la salvación de Dios será amado por Dios y colmado de dones.

Hay una cantidad abrumadora de versículos en el Nuevo Testamento que confirman quién es Dios y qué hace por nosotros.

Dios nos ha salvado de la muerte, y nos ha dado la vida eterna (Jn. 5:24). Él ya no nos condena más (Ro. 8:12), sino que nos constituye en una nueva creación (2 Co. 5:17). Él nos ha bendecido con toda bendición espiritual (Ef. 1:3), y nos hace más que vencedores (Ro. 8:17; 1 Jn. 5:4). Él nos da fuerza para poder afrontarlo todo (Fil. 4:13) y nos ha hecho conciudadanos con Dios (Ef. 2:18-21). Incluso nos da Su propio Espíritu Santo para que more dentro de nosotros (1 Co. 6:19), para conducirnos (Ro. 8:14-16), para ayudarnos (Ro. 8:14-16) y para darnos poder (2 Ti. 1:17). Poniéndolo de una manera clara, ¡no somos un grupo de don nadies, sino una gente escogida, un sacerdocio regio, un pueblo adquirido por Dios! (1 P. 2:9, 10; Ap. 1:5, 6).

Es bien evidente que la visión bíblica acerca de la persona como creación de Dios, incluso como criatura caída, y aún más como hijo liberado y amado por Dios, deja poco lugar para los complejos de inferioridad.

D) ¿Cuál es, entonces, la diferencia entre la humildad y los sentimientos de inferioridad?

Ésta es una cuestión con la que se han enfrentado muchos cristianos, y es una cuestión que causa confusión y malos entendidos. ¡Suena tan espiritual decir continuamente que uno no vale nada, que uno es sólo un miserable pecador que no puede hacer nada bueno! Muchos cristianos tienen el hábito de decir: «No fui yo quien logró esto, sino el Señor.» Aunque comprendemos que lo que quieren decir es que Dios les dio el poder y la gracia para llevar a cabo algo, con todo, no lo expresan de una manera adecuada. Para uno de fuera, esta observación sonaría ridícula. ¡Si alguien ha hecho algo grande, así es, ha hecho algo grande!

El ejemplo de Jesús siempre me impresiona. Jesús era la perfecta imagen de la humildad y dependencia del Padre. De continuo enfatiza la humildad y dependencia del Padre. Una y otra vez enfatiza que no busca Su propia gloria. Pero no hay marca alguna de sentimientos de inferioridad en Jesús. ¡Él sabe quién es, el Hijo de Dios, el Salvador del mundo! Sobre esto permanece firme e inamovible, aunque la gente le ataque desde todos los lados y nadie vea nada más en Él. Cuando Jesús asume voluntariamente el puesto de siervo, y lava los pies de los discípulos antes que ellos tomen su asiento a la mesa, Él no hace esto porque se sienta inferior y se vea a sí mismo sólo como un «lavador de pies». No, sino que, de hecho, lo opuesto es lo cierto. Él les dice a Sus discípulos: «Me llamáis Maestro, y Señor; y decís bien, porque lo soy.»

Él sabe quién es, Maestro y Señor, y, con todo, lava aquellos pies porque es humilde de corazón. ¿Ves como de la misma manera podemos saber quiénes somos? No es poco espiritual que sepas y reconozcas tu posición como hija amada de Dios, y que te sientas agradecida por los dones y cualidades que Dios te ha dado, y que te sientas dichosa por todo ello. Esto no es orgullo. Una agradecida aceptación del yo va de la mano con un corazón humilde y una actitud de servicio, lo mismo que en el caso de Jesús.

Vemos la misma actitud en Pablo. En Cristo tiene un sano sentimiento de estimación propia. Se llama a sí mismo apóstol llamado por Dios, ¡e incluso dice que no es en nada inferior a aquellos superapóstoles! (2 Co. 12:11). Esto a nosotros nos podría sonar como algo arrogante. Pero ¡no tenía este sentido, y Dios incluso permitió que una observación tan osada como ésta tuviera su lugar en la Biblia! Pablo sabe, al mismo tiempo, que depende plenamente de Dios y considera todo aquello que era para ventaja suya como basura por causa de Cristo. En otro lugar se denomina el más pequeño de los apóstoles.

Cuando Pablo habla en Romanos 7 acerca del hecho de que en su carne no mora el bien y de que es una persona miserable, no lo dice porque de repente se vea abrumado por un terrible sentimiento de inferioridad. Romanos 8 es la prueba de ello, por cuanto es un cántico de victoria y de certidumbre del poder de Dios y de Su amor. No, en Romanos 7 habla acerca de la diferencia entre nuestra vieja naturaleza y la nueva. ¡Ve la vieja naturaleza como nuestra personalidad antes que llegáramos a conocer al Señor Jesús; cediendo al pecado, y controlados por el pecado! Pero después de nuestra conversión, ¡lo viejo ha pasado y ha venido lo nuevo! Aquella nueva personalidad, limpiada y santificada por Dios, creciendo para con Dios y asemejándose más y más a Jesús cada día por medio de la morada del Espíritu Santo, agrada a Dios. Dios gusta de dar un servicio a esta nueva persona, y le permite llegar a ser colaboradora juntamente con Él (2 Co. 5:17–6:1). ¡No hay razón para sentirse inferior, sino que hay razón para el agradecimiento y una motivación para servir a Dios en esta vida, con las cabezas alzadas y rebosantes de confianza!

Negarte a ti misma y tomar la cruz para seguirle a Él no significa menospreciarte, odiarte o humillarte a ti misma. Jesús se negó a Sí mismo, y literalmente tomó Su cruz sobre Sí. Sin embargo, Él sabía que había vencido al mundo, y que era Señor y Maestro. El Señor Jesús no tomó sobre Sí el sufrimiento y la humillación porque no se gustara a Sí mismo, o porque le diera placer infligirse dolor sobre Sí mismo. No, la razón estaba mucho más allá de Él. Su objetivo era padecer y morir para llevar el castigo por los pecadores y para traerles la salvación. Si la Biblia demanda de nosotros que adoptemos la misma actitud que Jesús y que nos neguemos a nosotros mismos y tomemos nuestra cruz, el objetivo es el mismo. Dios no exige nuestra negación propia porque seamos un montón de gente inútil. No, sino que Él nos pide que nos neguemos a nosotros mismos para impulsar los intereses del Rey. Él quiere que echemos a un lado nuestros propios intereses a fin de que, a semejanza de Jesús, sirvamos a nuestros semejantes para que puedan conocer a Cristo.

Hace cierto tiempo había un programa en la televisión acerca de «niños prodigio». Los niños filmados en este programa poseían talentos especiales. Uno de ellos era un campeón de tenis con doce años de edad. Una niña tocaba el violín y había participado en famosos conciertos de violín desde los diez años. Lo que más me impactó fue observar los grandes sacrificios que estos niños tuvieron que llevar a cabo para llegar adonde estaban. Como mínimo practicaban cuatro o cinco horas diarias. Naturalmente, tenían que estudiar también sus otras asignaturas, aunque no se pudiera hablar de una educación escolar normal. El juego, los amigos, relajarse, les eran cosas desconocidas. Aunque eran muy jóvenes, exhibían, por causa de su extraordinario talento y la esperanza de un famoso futuro, una gran cantidad de autodisciplina y abnegación. ¡Esto es lo que la Biblia significa por el término «negarse uno mismo», o abnegación! ¡Aquellos niños no sacrificaron sus amigos y juegos porque tuvieran un complejo de inferioridad y porque creyeran que nadie querría jugar con ellos, no, sino que estaban totalmente convencidos de su talento y de su futuro!

Dios quiere que los cristianos afrontemos la vida de la misma manera. Pablo dice en 1 Corintios 9:19-27 que él se priva voluntariamente de todo tipo de cosas y se disciplina a sí mismo para salvar a algunos, y para alcanzar la meta que Dios le ha establecido.

¿Te das cuenta de que los sentimientos de inferioridad no son bíblicos? ¿Te das cuenta de cuánto Dios estima al hombre como Su criatura, y cuánto Él ama a cada persona, cristiana o no? Descubre por ti mismo en el Nuevo Testamento los maravillosos privilegios que Dios ha dado a cada cristiano, y cómo Dios quiere emplearnos en este mundo para cumplir Sus fines.

Cuando me convertí al Señor en mi adolescencia, sufría, como la mayor parte de adolescentes, los usuales sentimientos de inseguridad y de inferioridad. Cuando el Espíritu de Dios vino a morar en mí y comencé a comprender por la Biblia cuánto me valoraba Dios a mí, ¡estos sentimientos se desvanecieron! Dieron lugar a una agradecida aceptación del valor en que Dios me tenía.

E) ¿Qué puedo hacer activamente para vencer mis sentimientos de inferioridad?

a) Déjalos ir.

A menudo abrigamos estos sentimientos. Nos ocupamos de continuo agitándonos por nosotros mismos. Esto no es correcto ni bíblico. Cesa de hacerlo cada vez que descubras que te estás agitando por ti misma. Toma cada vez la decisión de estar dispuesta a perder tu vida por causa de Cristo. ¡Lentamente irás descubriendo que de esta manera estás ganando una nueva vida!

b) Entrénate en concentrarte en Dios.

El mayor mandamiento de Dios es que le amemos y que todo lo que hagamos sea para Su gloria. Si comienzas a preocuparte por ti misma de nuevo; si te estás atormentando a ti misma recordando las veces en que hiciste el ridículo, déjalo ya, y dirige tus pensamientos a Dios. Memoriza las Escrituras, ¡ponlas encima de tu fregadero! Comienza cada día con Dios, escoge un versículo realmente inspirador acerca del poder de Dios, del amor de Dios, de la grandeza de Dios o de la gracia de Dios. Medita este versículo durante el día a fin de que tu día esté marcado por él.

Un día estaba escuchando una cassette de un predicador inglés. (No sé quién era, porque no había etiqueta en la cassette.) El primer punto que tocó en su mensaje era acerca de qué es lo que estorba más a los creyentes en su vida con Dios. Decía él: «Es la imagen que tenemos de Dios. Si experimentamos a Dios en nuestra vida emocional como pequeño e insignificante, o como alejado y fuera de nuestro alcance, entonces esto influenciará nuestros pensamientos y acciones.» Y, a pesar de todo, nuestra teología puede ser totalmente ortodoxa. Podemos confesar con nuestra boca que Dios es omnipotente, omnipresente y omnisciente. Si este conocimiento no pasa de nuestras cabezas a nuestro corazón y emociones, no nos servirá de ayuda alguna para nuestra vida diaria. Entrénate, ejercítate para concentrarte en Dios y en todo lo que Él es.

c) Concéntrate en tu prójimo con un amor abnegado.

Éste es el segundo mandamiento, y cumple, junto con el primer mandamiento, todas las leyes y mandamientos que Dios ha dado al hombre. Es sano y útil para el hombre dar esta atención y tiempo a los demás. Si tienes la tendencia a considerarte penoso e inferior, busca a alguien que tenga menos que tú y que necesite tu ayuda y amor. Experimentarás que estás comenzando a ver tu propia vida en una perspectiva diferente, y tendrás menos tiempo que dedicarte a ti mismo.

También el hecho de que te sientas útil y que signifiques algo para alguien te será de ayuda en esta área. Cuando tuve que quedarme en el hospital durante dos semanas tras una operación por un embarazo en las trompas falopianas, me vi en un terrible estado. Había sufrido varias complicaciones de salud. Me había hecho alérgica a todo tipo de medicinas, y luego esto. El primer día después de la operación me encontraba enferma y me sentía desgraciada. Compartía la habitación con otras tres mujeres. Cuando la fiebre me bajó algo y pude moverme un poco, comencé a darme cuenta de las otras pacientes. Pronto se hizo evidente que cada una de ellas tenía una historia que contar de tristeza, fracaso, enfermedad e inseguridad. Mi corazón se abrió a estas pobres mujeres, y me di cuenta de lo difícil que puede ser la vida para algunas personas. Mis días en el hospital adquirieron una dimensión totalmente diferente. Me sirvió de recordatorio del maravilloso privilegio que tenía de ser cristiana, de tener una conciencia libre de culpa, y una vida razonablemente libre de complicaciones porque era vivida conforme a los mandamientos de Dios. La certidumbre de la salvación y del amor de otros cristianos adquirió otro significado. Dios me dio amor para las otras pacientes, y un ministerio de consuelo y de aliento. Cuando finalmente salí del hospital, me llevé conmigo a casa muchas preciosas memorias. Estas memorias fueron hechas posibles sólo porque me tomé tiempo para relacionarme con las otras pacientes.

d) Continúa evaluándote honradamente y concentrándote en el desarrollo de tus dones.

Todos somos diferentes, pero ésta jamás debería ser una razón para sentirte inferior. Dios ama esta diversidad. En la creación, Él exhibió toda Su creatividad haciendo diferente cada célula, cada cristal de nieve, cada flor, cada persona y cada animal. También en la nueva creación y en Su nuevo plan –la Iglesia– Él ha evidenciado una enorme cantidad de diversidad. Todos hemos recibido dones diferentes. En 1 Co. 12 Pablo lo compara con las diferentes partes de nuestro cuerpo, en el que cada parte tiene su función.

En mi primer libro, *Más preciosa que el oro,* dedico todo un capítulo a esta cuestión. Es de gran importancia para nuestro bienestar espiritual descubrir nuestros dones y ejercitarlos en el Cuerpo de Cristo. Si has descubierto tus dones, has comenzado a ejercitarlos y a darte cuenta de que Dios quiere utilizarte, comenzarás entonces a comprender que no es necesario que te compares con otras personas. Dios te ama tal como eres. Te ha dado dones que quiere emplear. Ha hecho un lugar específico en Su cuerpo y un plan perfecto para tu vida. Si aprendes a aceptar esto y a lograr funcionar de esta forma, te darás cuenta de cómo desaparecen tus complejos.

8

LAS CRÍTICAS SON INEVITABLES

«El que construye en la calle, con muchos patronos se encuentra», dice un viejo adagio. Y esto es, desde luego, cierto en el caso de todos los que emprenden el camino con Cristo. Si suceden todo tipo de cosas nuevas en tu vida; si ves cómo lenta pero seguramente la victoria va afirmándose, y quieres dar a conocer estas cosas a los que te rodean, puedes estar bien segura de que habrá «espectadores».

Desafortunadamente, no todos los espectadores son positivos en sus comentarios. Si la crítica proviniera de los ateos escépticos, podríamos encajarla. ¡No esperamos que ellos puedan comprender nuestras acciones y motivos! El Señor Jesús mismo nos preparó para esto cuando dijo: «En el mundo tendréis aflicción; pero tened ánimo, yo he vencido al mundo» (Jn. 16:33). Dijo también que el esclavo no está por encima de su señor, y que nosotros no deberíamos esperar un mejor tratamiento que el que Él recibió. Esto está bien claro. Los discípulos consideraban un honor padecer afrenta por Jesús. Si el Señor nos diera fuerza y gracia, quizá también nosotras estaríamos dispuestas a esto.

Pero... es más difícil cuando no son los ateos los que ponen dificultades delante de una, sino que resultan ser nuestros hermanos y hermanas en Cristo los que comienzan a criticar nuestros intentos bienintencionados y honrados de servir al Reino de Dios. Sin embargo, es algo que tiene lugar una y otra vez. Puede llegar a entristecer mucho a una, puede desalentar hasta tal punto que nos sintamos tentadas a arrojar la toalla. Es por esto que no quiero terminar este libro sin advertirte y sin indicarte las adecuadas armas espirituales para esta parte de nuestra batalla.

Cuando abrí la Biblia en busca de lo que Dios tiene que decir acerca de este problema tan triste, me quedé atónita de sorpresa al ver cuánto énfasis hay en la Biblia sobre las murmuraciones.

LA CRÍTICA,
LA ENFERMEDAD DE NUESTRA ERA

Aunque es evidente que ha existido la crítica desde el mismo momento en que ha habido pecadores, pienso, no obstante, que en nuestros tiempos, y en nuestra parte del mundo, ha crecido fuera de toda proporción. Si personas pecadoras, limitadas, emprenden ciertas cosas, es lógico que otras personas limitadas y pecadoras no estén de acuerdo con ellas. Es normal, e incluso necesario, ejercer la crítica de una forma correcta. Si miramos al mundo de los dictadores totalitarios, nos damos cuenta de que la democracia, con su capacidad intrínseca de crítica, puede protegernos de muchas desgracias. Y esto es verdad también con respecto a las iglesias y misiones cristianas. Si se excluyen o prohíben las críticas, hay un gran peligro de que una iglesia o grupo bajo el caudillaje de un líder fuerte que no pueda ser criticado llegue a convertirse en una secta peligrosa. Las imágenes televisadas de las muchas personas que murieron en Jonestown en la Guyana Británica, quedarán presentes en las mentes de la gente durante largo tiempo como ejemplo refrenador de cómo las cosas pueden deteriorarse cuando no se pueden suscitar críticas.

La crítica es necesaria hasta cierto nivel para mantener el equilibrio en una sociedad de personas (cristianas y no cristianas) que de continuo tienden a hacer lo malo.

Pero si una sociedad, iglesia o grupo es infiltrada por una actitud de crítica continua, llevando a su caída, entonces hay algo fundamentalmente erróneo. Este espíritu destructor de la crítica, desafortunadamente, no se ha limitado a cuestiones terrenas. Constituye parte de nuestra educación, e infiltra nuestra manera de pensar, estilo de vida, etc. Es lógico que si llegamos a ser cristianos esta manera de pensar no pueda cambiar de la noche a la mañana. Pablo nos amonesta a ser transformados mediante la renovación de nuestra mente, pero esto... ¡demanda tiempo!

A menudo, la crítica se concentra en cuestiones que no son en absoluto vitales para la vida. Si escudriñas tu propio corazón y consideras en qué áreas estás tú criticando a los demás, estarás probablemente de acuerdo en que por lo general se trata de cosas de la vida diaria. Con frecuencia medimos a otros con nuestras propias normas. Muchas veces dirigimos nuestra crítica a las cosas materiales. «¡Juan y María han comprado muebles nuevos! ¿Cómo pueden haberlo pagado? ¡Debieran haberlo guardado para la educación de sus hijos, o dado el dinero a la iglesia!» Los automóviles son una fuente sin fin de celos y de crítica. Si alguien conduce un automóvil muy viejo, pensamos que está actuando de un modo irresponsable. Si compra un automóvil nuevo, opinamos que se trata de una extravagancia. La ropa es también una fuente ilimitada de crítica. ¡Las faldas son demasiado cortas, demasiado largas! ¡El escote es demasiado bajo o de un estilo muy pasado de moda! ¡Los tacones altos son sólo para atraer la atención, pero los cuadrados son del año de la nana! ¡Los suéters son demasiado sueltos o demasiado sexy! Podemos pasar horas criticando a nuestras vecinas o a nuestras hermanas de la iglesia. La educación de los hijos, el beber o no beber un vaso de vino, la manera de gastar el dinero, el ser «eclesiástico» o «libre», ser «evangélico» o «carismático». Todas estas cosas son sobre las que tenemos que dar nuestra opinión. Si alguien tiene la audacia de apartarse de las aceras de la sociedad para comenzar a hacer algo «diferente» en una nueva dependencia del Señor, él o ella tienen que prepararse para un diluvio de cuestiones y de críticas.

Dios describe, en Jeremías 9, la marca de una sociedad que no le quiere escuchar ya más. Y no se refiere a los filisteos ni a ninguno de los otros países paganos, sino a Su propio pueblo elegido. ¡Y la descripción es chocante!

«Me han desconocido, dice Jehová. Guárdese cada uno de su compañero, y en ningún hermano tenga confianza; porque todo hermano actúa con falacia, y todo compañero anda calumniando. Y cada uno engaña a su compañero, y ninguno habla verdad; han enseñado a su lengua a hablar mentira, se fatigan en cometer iniquidad. Tu morada está en medio del engaño; por ser tan engañadores rehusaron conocerme, dice Jehová... Saeta afilada es la lengua de ellos» (Jer. 9:4-8).

Esto es lo que puede suceder a personas que han conocido a Dios, Su amor y Su perdón. Es difícil de comprender, pero desafortunadamente es la realidad.

Que esto no es ni la idea ni el plan de Dios está bien claro. Satanás es llamado «el acusador de nuestros hermanos» en Ap. 12:10, «el que los acusaba delante de Dios día y noche». Se deleita en enfrentar a unos contra otros, y en acusar a unos y a otros. Se complace de manera extrema cuando se trata de cristianos y permiten que los manipule. Le ahorramos mucho trabajo cuando nos acusamos unos a otros. Él sabe, por tanto, cómo recordarnos cada pequeño detalle en el que nuestros hermanos y hermanas se desvían de la «norma», a fin de que los acusemos.

Lo interesante es que Dios da a cada persona una gran medida de libertad individual. Dios mira al corazón. Si el corazón es sincero, lleno de amor y de dedicación a Él, ¡entonces Dios da libertad a aquella persona en muchos aspectos! Estudia tu

Biblia y descubrirás más acerca de esta libertad que Dios nos ofrece. Dios no reprende a David por su lujoso palacio, por sus caballos y carros, por su plata y su oro, ni siquiera por sus muchas mujeres. Dios, incluso, le dice a David en 2 Samuel 12:8: «Y si esto fuera poco, te añadiré mucho más.» Pero... cuando David toma la mujer de su prójimo, se libra del prójimo e intenta tapar todo el asunto, entonces Dios interviene.

Sin embargo, Satanás busca los detalles, y frecuentemente sabe cómo emplearnos para sus propósitos de acusar y de criticar precisamente en aquellas cosas en que Dios nos da libertad individual. No creo que Dios esté realmente interesado en si conducimos un Honda o un Mercedes, o en si llevamos pantalones vaqueros o una falda. Si Dios no está interesado en esto, ¿por qué nosotros los cristianos empleamos estas cosas para criticarnos? Incluso al mirar la Biblia recibo la impresión de que a Dios le encanta toda esta variedad en la vida.

En cambio, Satanás no gusta de nada más que de procurar que critiquemos a aquellos que no piensan y actúan como nosotros. Si somos honradas, tendremos que admitir que nuestros juicios de otros se originan frecuentemente en nuestra propia inseguridad y sentimientos de inferioridad. La amargura, la mezquindad, los malos entendidos y las comparaciones deshonestas son a veces también causa de críticas. Sin embargo, ninguna de estas cosas proviene de Dios. Nuestra actitud negativa y crítica le duele más a Dios que aquellos detalles que son la causa de la crítica.

Es a esto a lo que se refiere Jesús cuando se refiere a la viga y a la mota. Él nos advierte en Mt. 7:1-5 que no juzguemos a otros demasiado rápidamente. La mota del detalle que vemos en la vida de la otra persona es mucho menos importante que la viga en nuestras vidas. La viga de una actitud crítica. Comencemos a tratar con esta viga, esta viga de la crítica, de la actitud negativa y de la lengua aguzada y murmuradora. ¡Qué cambio más radical tendría lugar si comenzáramos a limpiar nuestras iglesias eliminando estas vigas de la crítica!

A) *Las críticas justificadas*

¿Aceptamos así todo y dejamos las cosas como están? ¿No tenemos ninguna responsabilidad para señalar unos las equivocaciones, pecados y errores de los demás? Naturalmente que tenemos esta responsabilidad, pero esto es distinto de la crítica. La Biblia dice: «Si tu hermano peca contra ti, ve y repréndele a solas tú con él» (Mt. 18:15).

Pero ¡qué difícil es esto! Más bien preferiríamos decírselo a otros antes que dirigirnos a la persona de que se trata y decirle lo que está mal. Pero no importa lo difícil que pueda parecer, se trata del enfoque bíblico para tratar el pecado. Y acerca de las miles de pequeñas irritaciones y diferencias entre los cristianos, el mandamiento es: «Acogeos los unos a los otros», y «sobrellevad unos las cargas de los otros» (Ro. 15:7; Gá. 6:2).

Si estamos tratando acerca de pecados y de transgresiones, tenemos que amonestarnos unos a otros, pero, como lo dice Pablo, «con espíritu de mansedumbre, considerándote a ti mismo, no sea que tú también seas tentado» (Gá. 6:1). Cuando miramos a nuestras propias vidas, nos damos cuenta demasiado bien de que realmente no tenemos derecho a hablar. Naturalmente que experimentaremos tentaciones similares a la persona que acabamos de «sorprender». Por otra parte, ésta no debe ser una razón para permanecer callados. ¡Tenemos la obligación espiritual de ayudar a la otra persona! Pero... dándonos cuenta de que somos débiles y de que tenemos la misma tendencia hacia el mal. La única actitud honrada y espiritual en la que podemos decir algo a la otra persona es con una actitud de humildad. Proverbios 25:15 dice: «La lengua blanda quebranta los huesos.»

Si tan sólo aprendiéramos a decirnos unos a otros en privado lo que está mal, usando la lengua blanda y la actitud humilde, ¡cuántas críticas se evitarían!

Entre nuestro amplio círculo de conocidos tengo dos amistades que aplican estrictamente este principio. De nada sirve ir a ellas con un jugoso caso que contarles. Cuando le dije a una de ellas este verano cómo una amiga mutua me había dejado desairada varias veces cancelando una cita en el último minuto sin ninguna buena razón para ello, me preguntó: «¿Te has quejado a ella?» Tragué saliva, musité unas pocas excusas y me sentí deshinchada porque sabía que tenía razón. Aunque yo me sentía molesta e irritada por estas cancelaciones, no hubiera debido decírselo a una tercera persona. Afortunadamente, fui amonestada de una manera amistosa. Me dijo: «Mira, Toos, el hecho de que me cuentes esto no mejora para nada la situación. Tú no estás aliviando tus frustraciones, y ella no aprenderá nada de esto. La próxima vez que esto suceda, le cuentas directamente cómo te sienta la situación. Pregúntale cómo puede hacerte a ti una cosa así.»

Aunque tuve que tragar saliva cuando me enseñó con tanta franqueza dónde había fallado, me di cuenta de que tenía razón, y respeté su reprensión sincera, honrada y amistosa.

«Como zarcillo de oro y joyel de oro fino es el que reprende al sabio que tiene oído dócil» (Pr. 25:11, 12).

Ésta es la apreciación bíblica de reprender a alguien y de la aceptación de aquella reprensión: ¡Un adorno de oro, precioso, de gran valor; una joya, una pieza de arte! ¿Nos dedicaremos a este arte? No será fácil, nos costará algo. Pero ¡nos librará de muchas desdichas! ¡Qué alivio te daría saber que nadie estaba murmurando de ti a tus espaldas! ¿Suena esto como una utopía? Quizá, pero ésta es la norma bíblica. El bien conocido proverbio de «Mejora el mundo, comienza contigo mismo», debería ser aplicado aquí. Más nos gustaría llevar a que la otra persona dejara de criticarnos, pero esto no está en nuestro poder. Lo único que podemos hacer es aplicar esta norma a nuestras propias vidas. Si hemos tenido durante años el hábito de murmurar de los otros, será muy difícil cambiar esto. La única manera de librarnos de este feo hábito será pedir a alguien que nos advierta siempre que nos sintamos tentados a «recaer».

Hubo cierta ocasión durante mis años en la Escuela Bíblica en que pasé por una temporada muy difícil. Muchas cosas habían ido mal. Algunos estudiantes fueron expulsados, y los que quedamos comenzamos a darnos cuenta de cuán negativa y crítica se había tornado nuestra actitud. Pensábamos que la escuela era mala, demasiado cara y excesivamente estricta. La comida era detestable, los profesores irremediables y las clases aburridas. En realidad, no comprendíamos del todo cómo habíamos llegado a adoptar esta actitud tan negativa y poco espiritual. ¿No habíamos acudido todos a la Escuela Bíblica con grandes ideales y expectativas de llegar a conocer mejor a Dios, y a edificarnos en nuestra fe? ¿Cómo podía ser que se hubiera dado este cambio? Una mañana, nuestro director nos llamó a todos. Nos dijo lo turbado que se sentía ante todo lo que había sucedido, y lo preocupado que estaba por el ambiente negativo que podía observar. Expresó su sentimiento acerca del mal que había hecho, y nos pidió que le perdonáramos. Todos quedamos impresionados. Pero esto no fue el fin. Nos dijo que sabía que estaba siendo criticado, y que quería hablar con cada estudiante personalmente.

Así que fuimos pasando uno tras otro. No recuerdo nada de la conversación que tuvimos, pero sí que recuerdo lo estúpida y culpable que me sentía delante de este gran hombre, amistoso e inteligente, escuchando mis críticas.

Tuvimos una reunión de estudiantes aquella misma tarde, y expresamos nuestra turbación acerca de los acontecimientos de la mañana. Nos dimos cuenta de que la mayor parte de la culpa la teníamos nosotros, y de que teníamos que cambiar drásticamente nuestras actitudes.

Teníamos programado comenzar las vacaciones de verano a la semana siguiente, y sabíamos que no podríamos volver en septiembre con aquellas mismas actitudes. Si lo hacíamos, se adheriría a los nuevos estudiantes, por lo que teníamos que tomar una acción drástica. Nos comprometimos a adoptar una actitud más positiva y a no abrigar ningún pensamiento negativo. También tendríamos presente amonestarnos unos a otros de una manera amante y amistosa.

¡Qué cambio! Cuando volvimos en septiembre, parecía como si estuviéramos haciendo un juego. Nos sentíamos entusiasmados acerca de todo, alabábamos a nuestros profesores y sólo hablábamos bien de todo y de todos. ¡Llegaba a bordear lo ridículo! Pero... ¡funcionó! Los nuevos estudiantes nos miraban con asombro, pero se adaptaron pronto a esta actitud tan positiva. Cuando uno de ellos tuvo la audacia de criticar la clase de geografía bíblica que daba nuestro director, se encontró confrontado por el resto de nosotros de una manera tan viva que nunca volvió a intentarlo. Entre los estudiante mayores había un pacto. Si alguien decía algo aunque fuera sólo ligeramente en la dirección del antiguo espíritu crítico, sólo teníamos que mirar a aquella persona para darle a conocer nuestros sentimientos. Lo asombroso es que cuando decidimos no criticar más a nadie y nos dimos unos a otros el mandamiento de practicar esto, pareció como si también cambiaran las circunstancias. Las clases dejaron de ser tan aburridas, y nuestros profesores y el director resultaron personajes fantásticos que llegaron a significar mucho para nosotros.

Nunca me olvidaré de aquellos pocos últimos meses en la Escuela Bíblica. De todas las lecciones que había aprendido durante aquel tiempo, ésta era una de las más claras: «Pedirse unos a otros ayuda para quebrantar el hábito de la crítica; funciona eficaz y rápidamente. Si algo está verdaderamente mal, menciónalo a la persona de una forma amistosa y con humildad. Aprende, con la ayuda de los otros, a hablar positivamente. Cuando nos instruyamos a hablar positivamente comenzaremos también a pensar positivamente. De esta forma positiva de pensar pasaremos, lógicamente, a hablar de una forma positiva, y entonces estaremos donde queremos estar. «Porque de lo que rebosa el corazón habla la boca. El hombre bueno saca cosas buenas del buen tesoro del corazón; y el hombre malo saca cosas malas del mal tesoro. Y yo os digo que de toda palabra ociosa que hablen los hombres, darán cuenta en el día del juicio. Porque por tus palabras serás justificado, y por tus palabras serás condenado» (Mt. 13:34-37).

B) *Críticas injustificadas*

Dios conoce estos sentimientos:

- Las palabras inconsideradas son como golpes de espada (Pr. 12:18).
- Martillo y cuchillo y saeta aguda es el hombre que habla contra su prójimo falso testimonio. Como diente roto y pie descoyuntado es la confianza en el prevaricador en tiempo de angustia (Pr. 25:18, 19).
- He venido a ser como un vaso echado a perder. Porque oigo el murmurar de muchos; el miedo me asalta por todas partes, mientras se conjuran contra mí y maquinan para quitarme la vida (Sal. 31:12-14).
- Reunidos murmuran contra mí todos los que me aborrecen; contra mí piensan mal... Hasta mi amigo íntimo, en quien yo confiaba, el que comía mi pan, alzó contra mí su pie (Sal. 41:7, 9).

¿Conoces este sentimiento? ¿Has descubierto alguna vez que un amigo en quien tú confiabas te ha traicionado? ¿Conoces el sentimiento cuando están hablando de ti a tus espaldas, te calumnian y murmuran de ti, mientras que tú los amabas con sinceridad y solamente querías hacer el bien? Sí, estas palabras funcionan como espadas, atravesando tu corazón. Son como martillos, como espadas, como aguzadas saetas, todas ellas armas asesinas para matarte. Te sientes como cerámica destrozada, como un plato roto, un vaso hecho añicos. Te invade una repentina sensación de profundo dolor, como un diente roto o un pie descoyuntado. Te sientes incapaz de proseguir. Todo lo que quieres hacer es sentarte y llorar. Así de fuerte es este sentimiento que te abruma cuando te traicionan y te critican injustamente tus amigos y amigas, hermanos y hermanas en quienes tú has confiado.

Consuélate, no estás sola ni eres la primera. Los autores de los libros poéticos, inspirados por Dios, han recogido maravillosamente estos sentimientos. ¡Ellos sabían lo que era esto! Él permitió que todo esto fuera descrito en Su Palabra a fin de mantenerse a nuestro lado cuando nos suceda a nosotros, y para poner Su mano consoladora en nuestra cabeza con las consoladoras palabras de los Proverbios y de los Salmos.

¡Estás en buena compañía!

No sólo David y Salomón conocieron la desdicha de las críticas. El mismo Señor Jesús nos es descrito en Hebreos 12:3 como aquel «que ha soportado tal contradicción de pecadores». Ellos intentaron todo tipo de añagazas contra Él. Y Él nada hizo sino el bien, pero fuera lo que fuera que Él hiciera, ellos encontraban algo que criticar. En Mateo 11 Él nos muestra que no importa lo que hagamos o dejemos de hacer para determinar la medida de la crítica. Es la actitud de la gente que te quiere destrozar lo que la determina. Incluso en este caso, la crítica es acerca de cosas diarias como comer o beber. Primero vino Juan el Bautista, un gran profeta, un hombre excéntrico. No comía, excepto langostas de campo. No bebía alcohol. ¿Y qué decía la gente? «Tiene demonio.» Luego vino el Hijo del Hombre, y se comportó con toda normalidad. Se sentaba a la mesa con todo tipo de personas. Le gustaba el pescado asado recién salido del fuego. También bebía algo de vino cuando estaba de visita en casa de amigos. Incluso cambió agua en vino cuando una boda parecía que iba a terminar en un gran fracaso. Y ¿qué decía la gente? «¿Ésta es la persona con la que podemos identificarnos?» ¡Ah, no! Lo que decían es: «¡He aquí un hombre glotón y bebedor de vino, amigo de recaudadores de impuestos y de pecadores!» Y yo ahora te pregunto: ¿Tiene esto pies y cabeza? No, no los tiene. Y el Señor Jesús lo dijo para mostrarnos que desde luego esta actitud no tiene ni pies ni cabeza. No se trata de si se hace algo bien o mal. Si la gente quiere calumniar, calumniar es lo que hará, hagas lo que hagas. En el caso del Señor Jesús llegó a envenenarse tanto la cosa que cuanto más bien hacía tanto más se enfurecían Sus adversarios. Al final hasta Su amigo, con quien había compartido todas las cosas día y noche durante tres años, levantó contra Él su calcañar. Este amigo lo vendió por treinta monedas de plata, lo traicionó con un beso, a la gente que lo quería matar. Terrible, inconcebible. Pero le sucedió al Hijo de Dios, que jamás conoció ni había cometido pecado. ¿Te das cuenta de que no estás solo en esto? El Señor Jesús lo experimentó todo. Fue traicionado y abandonado por todos aquellos a los que Él amaba. Si lo mismo nos sucede en una pequeña medida, esto significa que se nos permite seguir las pisadas de Jesús; que podemos gustar en pequeña medida Su sufrimiento.

El apóstol Pablo tampoco lo encontró fácil. Fue violentamente criticado no sólo por los paganos y los judíos, sino también por los cristianos. La gente a la que le había llevado el Evangelio, por quienes había arriesgado su vida, para los que había dado todo a fin de que pudieran hallar a Cristo, aquellas personas se revolvieron más tarde contra él y le criticaron. En 1 Corintios 4:9 Pablo escribe acerca de esto. Al principio dice que no le importa lo que diga la gente de él, y que es más importante lo que Dios tenga que decir de él (1 Co. 4:3-5). Sin embargo, añade en los versículos 9 y 10 que le parece que Dios les había dado a los apóstoles los últimos lugares, «insensatos por amor de Cristo». Pero, añade, «nos difaman, y exhortamos». Y esto no es fácil, ni siquiera para Pablo. En el capítulo 9 vuelve sobre el tema, y les pregunta a los corintios por qué tenían diferente norma para Bernabé y para él que para los otros apóstoles. No lo entiende, le entristece, e intenta convencerles del hecho de que ha sido sincero en todo lo que ha hecho. Parece que la cuestión no tiene fácil resolución, porque en 2 Corintios 10, 11 y 12 Pablo vuelve una y otra vez a esta cuestión. Se siente impulsado a recapitular todo lo que ha hecho por ellos por causa del Evangelio, y todas las experiencias espirituales que ha tenido. En el capítulo 12 incluso se expresa con sarcasmo cuando menciona que en nada es inferior a los «grandes apóstoles», y exclama: «¿En qué habéis sido inferiores a las otras iglesias, sino en que yo mismo no os he sido carga? ¡Perdonadme este agravio!», efectivamente rogándoles perdón por nunca haberles pedido dinero para sí. Admite honradamente que si alguien tiene dificultad con estas cosas, él ardería en su fuero interno (2 Co. 11:29).

¿Conoces este sentimiento, cuando tu corazón y mejillas arden de dolor porque las personas a las que tú amas son injustas contigo y te juzgan mal? ¡Consuélate, pues no estás sola, no eres la primera! Pablo experimentó esto. Encontró difícil afrontarlo. A veces podía dejarlo con el Señor y permanecer amistoso. A veces se revolvía contra él como una puñalada de agudo dolor y se defendía, empleando su aguzada pluma, porque le dolía en el alma. En Su sabiduría, Dios no sólo permitió a David y a Salomón describir en Su Palabra el dolor causado por la calumnia y las críticas, sino también a Pablo, el gran apóstol. El hombre que nos habla acerca del fruto del Espíritu, de perdón y de sobrellevarse unos a otros ha descrito, inspirado por Dios, la batalla con el dolor por la falta de aprecio y por las críticas.

Si de tanto en tanto nos sentimos heridos, no estamos solos. Estamos en buena compañía bíblica. Y esto es, desde luego, consolador.

9

NO PERMANEZCAS INDECISA

¿Qué es lo que dice la Biblia acerca de cómo actuar con las críticas con que te encuentres?

1) GOZAOS Y ALEGRAOS

«... cuando por mi causa os vituperen y os persigan, y digan toda clase de mal contra vosotros, mintiendo... Vuestro galardón es grande en el cielo» (Mt. 5:11, 12).

No es fácil, pero ¡está muy claro! Nuestra reacción humana es abandonar y retirarnos en nuestro dolor y amargor. Nunca en mi vida he luchado con tanto desaliento y depresión como durante el tiempo en que nos vimos acosados por la crítica. El problema reside también en que no somos sin pecado como el Señor Jesús. En cada acusación hay un poco de verdad de la que podemos aprender y cambiar. Y en medio de todas las amargas palabras que se derraman sobre nosotros no siempre permanecemos con una actitud amistosa. Si hay gente decididamente inclinada a hostilizarte, sólo tienes que perder la calma una vez y tus adversarios habrán alcanzado la meta que se habían propuesto, y tendrás al diablo encima tuyo diciéndote que eres un caso desesperado y que no vales nada. Pero el Señor Jesús te invita a que no te desalientes.

Él viene a decir: «Regocíjate y alégrate, porque tendrá buenos resultados en tu vida.» Todos aquellos a los que Él llama dichosos en Mateo 5 son personas que se enfrentan con dificultades:

> Bienaventurados los pobres en el espíritu;
> Bienaventurados los afligidos;
> Bienaventurados los apacibles;
> Bienaventurados los que tienen hambre y sed de justicia;
> Bienaventurados los misericordiosos;
> Bienaventurados los de corazón limpio;
> Bienaventurados los pacificadores;
> Bienaventurados los que padecen persecución por causa de la justicia;
> Bienaventurados... cuando por mi causa os vituperen y os persigan, y digan toda clase de mal contra vosotros, mintiendo.

Nuestros problemas, preocupaciones y nuestro remar contra corriente nos impulsan más cerca de Dios. No nos dejan sin fruto para esta vida. Es por esto que Santiago dice: «Tened por sumo gozo cuando os halléis en diversas pruebas, sabiendo que la prueba de vuestra fe produce paciencia» (Stg. 1:2).

¿Has sido falsamente acusada o criticada? ¿Han injuriado o calumniado a tu marido? ¿Te recoges en tu rincón, amargada y quebrantada? ¡Venga! ¡Levántate! Nuestra fe es sometida a prueba, y nuestro fruto será la paciencia, y nuestra recompensa espera en el cielo.

2) REMÍTETE A TU POSICIÓN EN CRISTO

En el anterior capítulo acerca de los complejos de inferioridad hemos mirado la certidumbre que tenemos en Cristo.

«Ahora, pues, ninguna condenación hay para los que están en Cristo Jesús» (Ro. 8:1). Incluso si todo el mundo te condena, Dios te ha aceptado. ¡Esto es grande; ahora, aférrate a ello!

Tú perteneces a

* Un linaje escogido y un
* sacerdocio regio (1 P. 2:9),
* porque Dios «nos escogió en él [Cristo] antes de la fundación del mundo» (Ef. 1:4).

Nuestro ego humano es sumamente vulnerable; nos sentimos fácilmente heridas por las críticas. ¡Plantémonos más firmemente en nuestra posición en Cristo Jesús! Ésta es nuestra certidumbre. Pablo la llama «ancla del alma». Echa tu ancla en la roca que es Cristo. Él nunca cambia. Sí, admito que cometemos errores, que muchas veces nos comportamos mal, y ¡somos vulnerables! Pero ¿no lo sabíamos cuando nos convertimos a Cristo? Es por esto que decidimos echar nuestra ancla en un lugar diferente de donde estaba. Mantengámonos en este lugar. David llega a la misma conclusión en el Salmo 31: Inicialmente se imagina a sí mismo como un vaso quebrado, con terror por todas partes y rodeado de conspiraciones y calumnias. Luego clama: «Mas yo en ti confío, oh Jehová; digo: Tú eres mi Dios. En tu mano están mis tiempos... ¡Cuán grande es tu bondad, que has guardado para los que te temen, que has mostrado a los que esperan en ti, delante de los hijos de los hombres! En lo secreto de tu presencia los esconderás de la conspiración del hombre; los pondrás en un tabernáculo a cubierto de lenguas pendencieras» (Sal. 31:15-21).

3) RECUERDA QUE SOMOS RESPONSABLES ANTE DIOS, Y QUE DIOS MIRA AL CORAZÓN

En sus discusiones con los corintios, Pablo les dice: «Miráis las cosas según la apariencia» (2 Co. 10:7), y ahí reside la causa de una gran parte de las críticas. El hombre juzga por lo que ve. Pero con frecuencia no es consciente de los motivos de la otra persona. Sin embargo, si eres criticada en ausencia y no tienes la posibilidad de explicar por qué lo has hecho de aquella manera, es consolador saber que Dios no sólo juzga lo exterior y los resultados finales, sino que también conoce nuestro corazón. Nuestros pensamientos y motivos más profundos le son conocidos. En 1 Juan 3:20, Juan incluso dice que Dios es mayor que nuestros corazones, y que Él lo conoce todo. Al final somos responsables ante Dios, y, afortunadamente, Él no nos juzga en base a primeras impresiones. Todo está abierto y desnudo ante los ojos de Aquel a quien tenemos que dar cuenta (He. 4:13). Si fuéramos más conscientes de esto no nos inquietaríamos por la forma en que otros nos juzgan. Para Jesús, esto era indiscutible. Es por esto que ni siquiera se defendió delante de la gente que le acusaba falsamente. Se mantuvo callado, teniendo la certeza de que Dios lo tenía todo en Sus manos y de que Él juzgaría justamente.

4) ¡ALIÉNTATE! DIOS NO OLVIDA LO QUE HAYAMOS HECHO POR ÉL

Si la gente lanza críticas contra nuestro ministerio o nos rechaza porque no está de acuerdo con nuestras acciones, es consolador saber que Dios no olvida lo que hayamos hecho en Su nombre. Está en nuestra naturaleza humana olvidar fácilmente veinte años buenos y fructíferos de ministerio si sucede algo que provoca crítica, división y falta de unidad. Una comienza a pensar si todo lo que ha hecho ha sido en vano o sin valor. ¡Aliéntate! Aunque parezca ser así, e incluso si la gente tiende a creerlo así, ¡Dios no!

«Porque Dios no es injusto para olvidarse de vuestra obra y del trabajo de amor que habéis mostrado hacia su nombre, habiendo servido a los santos y sirviéndoles aún» (He. 6:10).

Dios es diferente de la gente. Él juzga la obra

de cada uno de una manera imparcial (1 P 1:17). ¡Nosotras juzgamos con parcialidad! ¡Si nos gusta la otra persona, si piensa como nosotras y si se muestra amistosa con nosotras, entonces consideramos su obra de manera benévola! Pero si nos disgusta su personalidad, si nos produce problemas y si no la hallamos en sintonía con nuestra causa, entonces encontramos muy difícil ver los aspectos positivos de su obra. Es bueno que Dios sea tan diferente e imparcial. Él no olvida los detalles. Él recuerda aún mejor que nosotros las cosas que hemos hecho por amor a Él. No permitas que la crítica te apremie a pensar que lo que has hecho era en vano. Éste es un truco barato del diablo mismo, que está lanzado a destruirte.

5) DA TIEMPO AL TIEMPO

¡EL TIEMPO LO DIRÁ! El tiempo no nos lo dirá todo, pero nos dirá lo que necesitamos saber. Pablo dice que un siervo de Dios tiene que mostrarse fiel (1 Co. 4:2).

Las personas que critican de una manera destructiva tendrán que, a la larga, demostrar si eran justas o no en sus críticas. Si estás convencida de que has hecho o dicho lo que debías, entonces déjalo ahí, incluso si te difaman por ello. ¡La verdad resplandecerá! No te sientas tentada a vengarte. La venganza no es siempre asesinar o matar. Puedes vengarte tomando el teléfono y contar a otros acerca de aquella mujer que te ha criticado. No lo hagas. No servirá para resolver el

problema. El único resultado es un ciclo vicioso
de malevolencia y acusaciones, lo que resulta en
más dolor. Aplícate la misma norma que he
mencionado antes. «Déjalo, y te dejará.» Ríndelo
a Dios; Él dice que si hay lugar para la venganza,
Él lo hará a Su tiempo (Ro. 12:19). Si has actuado
de la manera correcta con una conciencia limpia,
entonces ello se demostrará a sí mismo. Tranqui-
lízate y dale tiempo al tiempo.

6) AMA A TUS ENEMIGOS

Vemos una y otra vez cuán diferente es nuestra
manera de pensar de la de Dios. No sólo debemos
regocijarnos y ser felices cuando las personas nos
causen problemas; no sólo no debiéramos tomar-
nos la justicia por nuestra propia mano cuando
somos juzgadas injustamente, sino que el Señor
lo lleva aún más lejos. Nos manda amar a nuestros
enemigos y orar por los que nos maltratan
(Lc. 6:27, 28). Pablo presenta esto de una manera
muy práctica en Romanos 12. Haz algo bueno por
quienes te causan problemas en tu vida. «Así que,
si tu enemigo tiene hambre, dale de comer; si tiene
sed, dale de beber; pues haciendo esto, amontonarás sobre su cabeza carbones encendidos»
(Romanos 12:20).

Una vez que tuvimos algunos problemas con
una familia en nuestra iglesia, el Señor me recordó
estos versículos una y otra vez. Intenté encontrar
buenas excusas para no tener que ir, pero al final
tuve que obedecer. Después de mucha oración y

con las rodillas que no me sostenían, emprendí mi
«misión de carbones ardientes». Cuando llamé al
timbre, uno de los niños abrió la puerta. Entré y
pasé a un salón con gente que, evidentemente,
había estado hablando de mí. Un terrible silencio
siguió a mi cordial saludo. No me invitaron a
sentarme, y después de unos momentos penosos
simplemente ofrecí mi regalo de amor y me
despedí. Os puedo asegurar que no me sentía muy
victoriosa mientras me dirigía de vuelta a casa.
Lloraba amargas lágrimas. Pero había obedecido
el mandamiento de Dios, y ofrecí oraciones pi-
diendo la bendición de Dios en sus vidas, incluso
después que se fueron de nuestra ciudad. La
relación con ellos nunca quedó restaurada, pero
puedo decir honradamente que no ha quedado
ninguna amargura en mi corazón hacia ellos. Fue
una experiencia muy difícil pero valiosa en mi vida
espiritual, y te puede alentar a ti intentarlo
también.

Si tienes problemas con la gente en la iglesia
que se dedica a criticarte, ¡invítala a comer! Si
alguien está murmurando de ti, llévale un pastel
que hayas hecho, o un ramo de flores. Haz algo
totalmente insólito, algo hermoso y revolucionario.
Esto es lo que el Señor nos invita a hacer. Es fácil
decir que amamos a nuestros enemigos. Cuando
oímos esta palabra, pensamos principalmente
acerca de la guerra, acerca de soldados con
fusiles, pero éstos están a menudo lejos de nosotros y no es difícil amarlos.

Pero el Señor se refiere a aquel vecino que habla
mal de nosotros, o a aquella pareja que se ha

vuelto contra nosotros y que nos está estorbando en todos los frentes. Se refiere a aquel hombre que hizo echar a tu marido del comité de evangelismo. Éstos son los enemigos que nos mantienen despiertos por la noche. No te vengues, sino ámalos, dales y préstales sin expectativa de reacción alguna por parte de ellos. ¿Es esto una cháchara devota y barata? No, se trata de algo muy práctico pero muy difícil. Nos cuesta un sacrificio. Es asunto de dar, de tomar una decisión que va en contra de todos los sentimientos humanos. Si lo estás haciendo, comprueba tus motivos. ¡No lo hagas a fin de ganarte el favor de ellos, ni para sobornarlos, lo que resultaría sólo en mayor frustración y amargura! Hazlo sin esperar nada a cambio (Lc. 6:35). ¿Por qué, pues, deberíamos hacerlo? ¿No es algo totalmente absurdo? Sí, humanamente hablando, pero no desde el punto de vista de Dios. «Y seréis hijos del Altísimo; porque él es bondadoso para con los ingratos y malvados» (Lc. 6:35). Creo que éste es el único motivo para actuar de esta forma. Sólo Dios, Su carácter, Su amor y Su mandamiento pueden llevarnos hasta tan lejos.

¡Inténtalo! Dios te bendecirá y tu recompensa será en el cielo.

7) SÉ FUERTE

¿Has contemplado alguna vez un debate político? A veces es casi increíble la manera en que se tratan unos a otros. A menudo he pensado que se necesita una piel de rinoceronte para poder sobrevivir en el mundo político. Los políticos trabajan muy duro. Sabemos que muchos de ellos intentan hacer todo lo posible para sacar al país de un montón de problemas, de restricciones y de intereses en oposición. Naturalmente que ganan un elevado salario por su duro trabajo. Sin embargo, tienen que aguantar muchas críticas. La oposición ataca todo lo que ellos emprenden, e incluso se cuestiona de continuo su carácter, dedicación e integridad. ¿No lloran nunca los políticos en sus lechos por causa de todas las críticas? Quizá, pero en general dan una impresión de gran fortaleza, y muchos de ellos siguen en su función durante años. Parecen estar convencidos de su ideología y de su meta. Aunque sus fundamentos parezcan temblar, siguen adelante.

Podríamos aprender algo de esta mentalidad. Naturalmente, no debemos persistir en nuestro camino de terquedad, de dureza de corazón, de orgullo y de insensibilidad. Santiago dice que la sabiduría de lo alto es amigable y condescendiente. Sin embargo, sigo pensando que la mayor parte de nosotras, incluyéndome a mí, deberíamos volvernos algo más firmes emocionalmente.

David concluye su salmo treinta y uno, en el que se debate acerca de las murmuraciones que sufre de otros, con las palabras:

«Esforzaos todos vosotros los que esperáis en Jehová,
Y tome aliento vuestro corazón.»

Es un llamamiento, un aliento, un reto:

¡ESFUÉRZATE!

En la carta a los Hebreos nos vemos alentados a fijar nuestras miradas en Jesús, que soportó una intensa contradicción de parte de pecadores, para que no nos fatiguemos ni desalentemos (He. 12:2, 3). Tanto abatimiento puede causar las críticas. Una puede hartarse tanto de ser de continuo mal comprendida que al final realmente pierde el fuego y el celo. El alma va fatigándose y agotándose. Cuando yo era niña y mis padres estaban en la edad madura, se veían frecuentemente bajo grandes presiones. Teníamos una tienda de confección, y mis padres trabajaban en la tienda todo el día, ocupados con otras personas. Al anochecer tenían otras responsabilidades. Dirigían grupos de estudio bíblico, reuniones de oración y grupos juveniles. Los domingos, mi padre predicaba en diferentes iglesias mientras mi madre tocaba el órgano, y después de la iglesia nos íbamos corriendo a la Escuela Dominical. Surgían también los habituales problemas familiares y eclesiales. Mi padre frecuentemente echaba un suspiro estando a la mesa, y decía: «¡Ojalá me hubiera hecho talador de árboles! ¡Debe de ser maravilloso pasar todo el día a solas en el bosque, con los árboles, los pájaros y Dios como única compañía!»

¿Te sientes familiarizada con este sentimiento? «¡Ojalá fuera taladora!» A menudo se lo he dicho a Kees. ¡A veces me canso tanto de la gente! ¡Mi alma se puede fatigar tanto de las críticas sin fin! Sin embargo, la Biblia no nos da base alguna para que cedamos a nuestro «síndrome de taladores». Bien al contrario:

«Por lo cual, levantad las manos caídas y las rodillas paralizadas; y haced sendas derechas para vuestros pies, para que lo cojo no se desvíe, sino que sea sanado» (He. 12:12, 13).

Cuando la crítica nos ha hecho daño, necesitamos sanidad. Esta sanidad puede demandar que nos retiremos un tiempo al bosque a recuperar energías, pero a largo plazo necesitamos otra cosa: fortalecer nuestros débiles brazos y rodillas, que los tobillos que han recibido golpes vuelvan a recuperarse, pues si no las huellas de los golpes permanecen allí y acabarán rígidos y lisiados. ¡Necesitamos entrenamiento y fisioterapia! Levántate de tu rincón de autocompasión y de amargura. Pon tus esperanzas en el Señor y fortalécete. Dios nos ha dado espíritu de poder (2 Ti. 1:7), y nos alienta a que nos fortalezcamos en Su gracia (2 Ti. 2:1). No nos lo dice desde su torre de marfil, sin saber de lo que está hablando. Él ha sido puesto a prueba en todas estas cosas a nuestra semejanza. Él soportó todas las críticas y la traición hasta lo sumo, pero no cejó. Él nos ofrece Su gracia. Aquella gracia que le bastaba a Pablo en esta misma batalla con la crítica y la falta de comprensión. Ésta es su parte en este asunto. Nuestra parte es levantarnos y fortalecernos y ser valientes.

«Esforzaos todos vosotros
los que esperáis en Jehová, y tome aliento
vuestro corazón.»

10

DIOS ES GRANDE

En este libro he tratado de mostrarte una degustación de las posibilidades que Dios nos presenta.

Es cierto que las cosas no siempre irán rodadas. También es cierto que tenemos que comenzar a prestar nuestra cooperación activa en las áreas en las que Dios quiere obrar en/y a través de nuestras vidas. Pedro nos exhorta a que estemos tanto más dispuestas a asegurar nuestro llamamiento y elección. Esto tiene que ver con la confirmación de nuestro llamamiento, no de originarlo. La iniciativa del llamamiento reside en Dios. Él nos ha escogido desde antes de la fundación del mundo. Él lo ha hecho todo para satisfacer el precio de nuestra reconciliación. Él nos ha sacado de las tinieblas y trasladado al Reino de Su amado Hijo. Él pensó en todo ello, lo llevó todo a cabo y en Su gracia nos lo ofreció. Lo que Él nos pide es que lo aceptemos con gratitud y que demos nuestra ferviente cooperación en lo que Él ha preparado para nosotras (Ef. 2:10). En los capítulos precedentes hemos visto las maneras en que podemos obrar con esto en la vida diaria.

En todas estas cosas es de la mayor importancia que nunca perdamos de vista a Dios y Sus hermosas características. Si estamos activamente involucradas en Su obra, estamos en gran peligro de caer abatidas al tratar de volvernos mejores y más espirituales, mientras que por otra parte quedamos abrumadas por nuestras actividades cristianas. Éste es un peligro para todas aquellas personas que quieran servir al Señor, en el campo misionero lo mismo que en el hogar.

Es por esta razón que es de la mayor importancia que mantengamos claras nuestras prioridades bíblicas.

LA GRACIA DE DIOS

La gracia es una hermosa palabra que se emplea una y otra vez para describirnos cómo Dios piensa y actúa. La gracia es un don inmerecido que Dios nos ofrece. La gracia es una palabra cargada de amor, de misericordia y de compasión. Casi todas las cartas de Pablo comienzan con las palabras «Gracia y paz a vosotros de Dios nuestro Padre y del Señor Jesucristo.» Aunque Dios es tan santo, justo y perfecto, Él no nos viene con Sus demandas, ¡sino con gracia! También en sus despedidas Pablo usa las palabras «La gracia sea con vosotros». Es una gracia al comienzo y gracia al final. En Efesios 2 Pablo dice una y otra vez: «Por gracia habéis sido salvados» (Ef. 2:5, 8). También habla de la gracia de nuestro Señor, que fue derramada abundantemente sobre él (1 Ti.

1:14). «Pero por la gracia de Dios soy lo que soy» (1 Co. 15:10). ¡Esto es maravilloso! Es verdad que Dios quiere que seamos obreros activos para Él, pero la palabra clave es Gracia, con la que todo comenzó, se desarrolla y acaba. Es de la mayor importancia que hagamos nuestra esta verdad. Lo mismo que sucedía con los gálatas, estamos en peligro de, habiendo comenzado con la gracia, recurrir a mitad de camino a nuestras propias obras y esfuerzos para servir a Dios. Acerca de Jesús se escribe que en Su juventud creció en gracia ante Dios y los hombres (Lc. 2:52). Ahí estaba la gracia, rica y abundante, y aun el Señor Jesús creció en aquella gracia. De la misma manera podemos dar vía libre a la gracia en nuestra vida a fin de crecer en ella. Pedro termina sus cartas con este aliento: «Creced en la gracia y en el conocimiento de nuestro Señor y Salvador Jesucristo.»

El autor de la carta a los Hebreos describe el trono de Dios como un trono de gracia. Nos alienta fervientemente a allegarnos al trono con confianza, para que podamos recibir misericordia y hallar gracia para ayudarnos en nuestro tiempo de necesidad. ¡Aférrate a esto, no lo sueltes! Es lo más precioso que hemos recibido en Cristo, ¡la gracia! Gracia para vivir para Él; gracia para, si es necesario, padecer por Él (Fil. 1:29; 1 P. 2:20) y gracia para morir. Las dificultades, las tristezas, la fatiga y la amargura son cosas, todas ellas, por las que podemos llegar a no alcanzar la gracia de Dios (He. 12:1-17). ¡No dejes que ello te suceda! Mantente en esta gracia, afírmate en esta gracia, y crece en ella. Mantente vigilante, no sea que la vida sólo llegue a ser una carrera contra ti. La gracia de Dios es como el cálido sol veraniego, maravilloso, abundante y beneficioso. Echa fuera el frío de nuestra vida. La gracia de Dios es como un baño caliente, relajante y restaurador. Despeja el cansancio de nuestros propios intentos y fracasos. La gracia de Dios es suficiente, más que suficiente. Está presente de una manera maravillosa para asirse de nosotros y para equiparnos, y para mostrar a todos cuán grande es la riqueza de Su gracia. ¡La gracia de Dios es maravillosa! ¡Dios es maravilloso!

EL AMOR DE DIOS

El amor de Dios está estrechamente relacionado con Su gracia. ¡Es por Su gran amor con que nos ha amado que somos salvos por Su gracia! (Ef. 2:4). La Biblia va incluso más lejos. Dios no sólo tiene un gran amor hacia nosotros, sino que Dios es amor (1 Jn. 4:16). Todo Su ser es amor. Si quisiéramos quedarnos más convencidos acerca de esto, entonces muchas cosas que nos estorban quedarían generalmente en su lugar justo. Es de la mayor importancia dejar que penetre profundamente; que este amor no está ahí porque nosotros amáramos a Dios, sino porque Él nos amó a nosotros y para demostrarlo envió a Su Hijo como reconciliación por nuestro pecado (1 Jn. 4:10). ¿Ves como la iniciativa de todo reside en Él y en Su amor? Ésta es la razón de que nada puede separarnos de su amor. No depende de las circunstancias. No depende de otras personas. No depende de nosotros.

«Pero en todas estas cosas somos más que vencedores por medio de aquel que nos amó. Porque estoy persuadido de que ni la muerte, ni la vida, ni ángeles, ni principados, ni potestades, ni lo presente, ni lo por venir, ni lo alto, ni lo profundo, ni ninguna otra cosa creada nos podrá separar del amor de Dios, que es en Cristo Jesús nuestro Señor» (Romanos 8:37-39).

DIOS ES MISERICORDIOSO

¡El Señor es compasivo y está lleno de gracia! (Sal. 103:8). Todas estas maravillosas actitudes de Dios se solapan y están enlazadas entre sí. La misericordia de Dios se extiende de generación en generación (Lc. 1:50). ¡Esto es maravilloso! Dios fue misericordioso para con nuestros antecesores, fue misericordioso para con nuestros padres y madres. Él es misericordioso para con nosotros, y será misericordioso para con nuestros niños. El hecho de que Dios nos ofrece el conocimiento de la salvación y del perdón del pecado surge de Su misericordia interior (Lc. 1:78). Él es llamado también el Padre de misericordias (2 Co. 1:3) y en su gran misericordia Él nos ha dado el nuevo nacimiento (1 P. 1:3). ¿Ves como se destaca el mismo aspecto? La iniciativa en todas estas cosas no está en nosotros, sino en Dios. Él quiere multiplicar en nosotros la misericordia, la paz y el amor (Jud. 2). ¡Grande es la misericordia de Dios!

LA CONSOLACIÓN DE DIOS

El Padre de misericordia y el Dios de toda consolación, que nos consuela en todas nuestras tribulaciones (2 Co. 1:4). La misericordia de Dios está estrechamente relacionada con Su consolación. Se le llama el Dios de toda consolación. En el Antiguo Testamento Dios dice a Su pueblo: «Yo, yo soy vuestro consolador» (Is. 51:12), y «como aquel a quien consuela su madre, así os consolaré yo a vosotros» (Is. 66:13). «Consolad, consolad a mi pueblo, dice vuestro Dios» (Is. 40:1).

Las tres Personas de la Deidad son descritas como consoladores. «Dios nuestro Padre, el cual nos amó y nos dio consolación eterna...» (2 Ts. 2:16). El Señor es descrito en Lucas 2:25 como «la consolación de Israel». El Espíritu Santo es llamado el Consolador por el Señor Jesús, especialmente dado a nosotros para consolarnos en una vida que no siempre es fácil.

¿Percibes el carácter de Dios? Él está lleno de gracia, de amor, de misericordia y de consolación. Lee la Biblia, aliméntate con estas verdades. Tenemos que aprender a conocer a Dios tal como Él se nos presenta a nosotros. ¡Grande es el consuelo de Dios!

¡Grande es Dios!

¡Dios es grande! Su fortaleza, su poder y majestad son grandes. Su carácter de amor, de gracia, de misericordia y de consolación grandes son. Y Él nos ofrece todo a nosotros. Si lo aceptamos con gratitud de Su mano, entonces nuestras vidas se transforman en una fiesta.

El mensaje bíblico va más allá. El amor de Dios no se detiene en nosotros Sus hijos. El amor de Dios es mucho más amplio aún, abarca mucho más. ¡Dios nos amó antes de que llegáramos a ser Sus hijos! Él nos amó mientras éramos aún pecadores. Y ahora, ahora que somos Sus hijos, no se acaba aquí Su amor. ¡Dios ama al mundo! Dios ama a los millones de personas que caminan por las calles de las grandes ciudades. Él conoce personalmente a cada una de ellas. Su gracia está a disposición de nuestros vecinos, que no quieren saber nada de nuestro Dios. Su misericordia alcanza a un mundo que no conoce la misericordia, y en el que la gente es tratada a empellones y se fatiga como ovejas sin pastor. Es por esto que el Señor Jesús clama indignado a la gente religiosa de Su tiempo: «Id, pues, y aprended lo que significa: Misericordia quiero, y no sacrificio» (Mt. 9:13). Grande es la consolación de Dios. Pero Su consolación no se detiene en nuestras lágrimas. La consolación de Dios quiere alcanzar a todos aquellos que lo han perdido todo, a todos aquellos que llevan una existencia desesperada en los campamentos de refugiados en el norte del Paquistán, de Tailandia, de Sudán y del Líbano.

Es maravilloso, refrescante y a menudo necesario fortalecernos de nuevo en los manantiales nunca secos de Dios. Pero Dios quiere ir más allá. Quiere poner estos manantiales de amor, gracia y consolación en nuestros corazones para exhibir Su carácter en este mundo.

Si Él nos ama y dio Su vida por nosotros, entonces Él quiere nuestro amor a Su vez, y que lo mostremos yendo a este mundo a impartir este amor a través de nuestras manos, de nuestros ojos y de nuestra voz, a aquellos que ya no creen más en el amor, y a niños que jamás han experimentado el amor.

Juan, el apóstol que más que nadie se refirió a este amor, dice: «Hijitos míos, no amemos de palabra ni de lengua, sino de hecho y en verdad» (1 Jn. 3:18). «El que no ama no ha conocido a Dios, porque Dios es amor» (1 Jn. 4:8).

La gracia, la consolación y la misericordia tienen la misma meta común. Dios nos da esto para refrescarnos y fortalecernos. La meta no es que sea sólo para nuestro beneficio. Dios nos consuela, de modo que podemos consolar a otros con el consuelo con que hemos sido consolados (2 Co. 1:4).

TODO EL MUNDO

¿Cómo se llega a esto? Recibiéndolo primero abundantemente de parte del mismo Dios. Vive con Dios; dedícale tu vida, toma esta decisión y sé seria acerca de pasar tiempo cada día con Dios. Da a Dios la oportunidad de hacer una profunda obra de curación en tu alma con todos sus complejos y problemas, por Su gracia. Pero ¡no te concentres sólo en ti misma! Dirige tu mirada a los que te rodean. Habla a la mujer que ha sido abandonada por su marido. Muestra algo de amor a aquella madre que acaba de perder a su hijo. Haz contactos, muestra amor y amistad. Una sonrisa es frecuentemente suficiente para abrir una puerta para la amistad. Pero no permitas que tus intereses se limiten a tu calle, a tu escuela, a tu iglesia. El mundo es mucho más grande. Aprovecha todas las oportunidades para ampliar tu conocimiento del mundo. Porque Dios ama al mundo. Hay millones de personas que jamás han oído el nombre de Jesús, que viven sin amor, sin esperanza y sin consolación. Ve y acude a reuniones misioneras, lee revistas acerca de la obra misionera y de socorro. Sigue programas televisivos acerca de países y sus necesidades. No importa qué partido político haya hecho el programa. Todos ellos presentan la tragedia de un mundo apartado de Dios. Compra un mapamundi. Encuentra dónde está situado el país de que se trate. Estudia tu geografía. ¡Mejor tarde que nunca! Estamos tratando con el mundo de Dios, el mundo que Él ama y por el que Él dio y envió a Su Hijo. En Juan 20:21 Jesús nos da este mandamiento: «Como me envió el Padre, así también yo os envío.» Él nos envía de la misma manera, llenas de las mismas características. Llenas de amor, de consolación, de misericordia y de gracia. Él nos envía a este mundo. Él nos envía mientras que sigue desarrollando y acreciendo estas características en nuestras propias vidas.

UNA FIESTA

Dios es grande. Si llegamos a conocerle, cuando Su carácter se desarrolla en nosotras, la vida se transforma en una fiesta. Pero Él nunca ha querido limitar esta fiesta a unos pocos. Dios está preparando una gran fiesta. Los pobres, los necesitados, los ciegos, los cojos y los mendigos de este mundo forman parte de los invitados escogidos de Dios. En Su imparcial amor y misericordia, Dios quiere emplearnos a ti y a mí para reunir a los invitados para esta fiesta. Si obedecemos a Dios en esto y comenzamos a trabajar con dependencia de Él, entonces la vida se transformará en una fiesta, una fiesta en la que se nos admite como colaboradoras de Dios. Colaboradoras que no son aún perfectas, pero que en este mismo proceso están siendo afinadas.

Made in the USA
Monee, IL
07 July 2026

56646394R00075